Selbstgehostete E-Mail-Server: Praxisanleitung für Datenschutz und Unabhängigkeit in Deutschland

Dr Naim Tahir Baig

Published by Dr Naim Tahir Baig, 2025.

SELBSTGEHOSTETE E-MAIL-SERVER: PRAXISANLEITUNG FÜR DATENSCHUTZ UND UNABHÄNGIGKEIT IN DEUTSCHLAND

First edition. September 4, 2025.

ISBN: 979-8232791162

Written by Dr Naim Tahir Baig.

Also by Dr Naim Tahir Baig

1

Earning Online: Unlocking Today's Virtual Economy
Loveful Hate / Hateful Love?
A Textbook Of Foreign Policy Analysis

Standalone

Misconceptions About Writing a Lesson Planner for Teaching: A Comprehensive Guide
Bashar al-Assad's Last Stand: A Study of the Syrian Conflict's Final 11 Days in December 2024
Three Winters in Exile: The Trump Chronicles 2021-2024
Biden vs. Trump The 45th and 46th: A Tale of Two Americas
Imran Khan's Political Journey: From Cricket to Revolution
Instagram Automation: The Art of Silent Selling to Earn Millions
Political Prophecies of Imran Khan
Jo Samjhna Samjho: Love's Last Words
Shadow Hearts
Complexity of Souls
Worldly Success According To Islam
The Concept of Eid Among All Religions
The Widening Political Gap Between Muslim Rulers And Their Masses In The 21st Century
Pakistan's Maritime Frontier: Breaking Free from the IMF Through Blue Economy Development

Can Russia Help Pakistan Grow?
Why Nuclear-Armed Pakistan Has Not Fought a War Against Israel in the 2020s?
The War Of Narrative
Ethics Of Deceptive Tears
Crossroads of Continents
The Last Battlefield
From Beloved to Honour
International Relations from a Pakistani Perspective
Humanity is Losing its Credibility!
Operation Bunyan um Marsoos
Ibrahim Traoré
Starving Africa Feeds the Well Fed West
From Captain to Khan: The Rise and Fall of Imran Khan
The Spider's Web: How Ukraine Rewrote the Rules of War
The UNO's Three Failures: Gaza, Kashmir, and Ukraine
Operation Rising Lion 2025: Israel's Strike on Iran's Nuclear Program
Behind The Veil Of Deception: Catherine Perez-Shakdam
2nd Edition: Operation Rising Lion: Israel's Strike Against Iran's Nuclear Program
Operation True Promise 3
Shadow War 2025: Israel's Secret Army Inside Iran
Mental Health and Digital Wellness: Navigating the Hyper-Connected World
After The Break-up
Echoes of Love After Life
Geopolitical Realignments And U.S. Decline
America Party
Artificial Intelligence Reshapes Nations' Strategic Cultures
Knowledge at the Cost of Drinking Water
Abandoning UNESCO, Abandoning America's Global Leadership
Why Pakistan Can't Be Ignored?
Love Seized
Tarifaço: Trump's Tariff Assault on Brazil and the Battle for Hemispheric Power
GAZA: The word 'ETHICS' is at stake

Kiss Cam Crisis
The Boomer Blockade: How an Aging Generation is Reshaping Global Power and Economics at Younger Generations' Expense
Fractured Faith: The Ken Paxton Divorce Scandal and the Crisis of Conservative Authenticity
The New American Empire In 2025
The Last Rock's Secret War: Okinotorishima and Japan's Fight for Tomorrow's Ocean
The Great Realignment
Trump's Siege on the Fed: Politics, Power, and the Fracturing of Global Finance
Nuclear Weapons in Space
Trump vs. Putin: The Secrets Of Alaska Summit 2025
Nuclear Orbits: From Soviet Satellites to Russian Space Power
Learn AI Fast: A Practical Guide for Busy Professionals
Rare Earth Metals in Pakistan: Geopolitics in the New Great Game
The Kulbhushan Affair: Espionage, Diplomacy, and Justice in the Shadow of South Asian Rivalry
Collision Over the Capital: The Untold Story of the 2025 Potomac River Mid-Air Disaster and the Fight for Safer Skies
The Holy Qur'an, Political Fire: The Extremism of Valentina Gomez
World War I of Climate Change: Geopolitical Parallels and Emerging Battles
International Relations: Theoretical Frameworks in the Pakistani Context
Equal and Orderly Multipolarization of the World: The Shanghai Cooperation Organization as a Catalyst
Selbstgehostete E-Mail-Server: Praxisanleitung für Datenschutz und Unabhängigkeit in Deutschland
From Gaza's Siege to Pakistan's Floods 2025: An Islamic Perspective on Collective Accountability and Calamities
Hero's Wings Over the 1965 War: Air Commodore Haider's Story

Watch for more at https://www.naimtahirbaig.com.

Inhaltsverzeichnis

Meinen Eltern gewidmet,die mir die Neugierde für Technik und den Respekt vor dem Datenschutz vermittelten.

Meiner Familie,für ihre Geduld während der nächtlichen Stunden am Computerund ihr Verständnis für meine Leidenschaft zur digitalen Souveränität.

Allen mutigen Pionieren der Open-Source-Bewegung,die mit ihrer selbstlosen Arbeit die Grundlagenfür eine freie und sichere digitale Zukunft schaffen.

Und schließlich allen Lesern,die den Mut fassen, ihre digitale Unabhängigkeitin die eigenen Hände zu nehmen.

"Die Kontrolle über unsere Daten ist nicht nur ein technisches Problem –es ist ein fundamentales Recht in der digitalen Gesellschaft."

Dr. Naim Tahir Baig, *September 2025*

"In einer Welt, in der unsere intimsten Gedanken durch digitale Nachrichten fließen, ist die Kontrolle über die E-Mail-Infrastruktur nicht nur eine technische Entscheidung – sie ist ein Akt der digitalen Selbstbestimmung. Jede E-Mail, die durch fremde Server wandert, trägt ein Stück unserer Privatsphäre fort. Doch mit Wissen, Mut und den richtigen Werkzeugen können wir diese Kontrolle zurückerlangen."

"Die wahre Herausforderung liegt nicht in der Komplexität der Technik, sondern in der Überwindung unserer Bequemlichkeit. Selbstgehostete E-Mail-Server sind mehr als nur Software und Hardware – sie sind Botschafter der digitalen Freiheit in einer Zeit zunehmender Überwachung und Datenkommerzialisierung."

"Dieses Buch ist nicht nur eine Anleitung, sondern eine Einladung: Eine Einladung, die Verantwortung für unsere digitale Zukunft zu übernehmen, die rechtlichen Rahmenbedingungen zu verstehen und mit jedem selbstgehosteten Server einen kleinen, aber bedeutsamen Schritt hin zu einer dezentralisierten, privatsphärenrespektierenden Internet-Infrastruktur zu machen."

– Dr. Naim Tahir Baig, *September 2025*

Vorwort

Die digitale Revolution der E-Mail-Souveränität

Sehr geehrte Leserinnen und Leser,

wir leben in einer Zeit beispielloser digitaler Abhängigkeit. Täglich vertrauen Millionen von Menschen und Unternehmen ihre wichtigsten Kommunikationen den Servern weniger Technologiegiganten an. Während diese Bequemlichkeit zweifellos Vorteile bietet, entstehen dadurch auch erhebliche Risiken für Datenschutz, Geschäftskontinuität und digitale Souveränität. Die Ereignisse der letzten Jahre – von Datenlecks über Serviceausfälle bis hin zu geopolitischen Spannungen – haben deutlich gemacht, dass die Konzentration kritischer Infrastrukturen in den Händen weniger Anbieter problematisch sein kann.

Die deutsche Perspektive: DSGVO und GoBD als Wendepunkt

Deutschland hat sich in den vergangenen Jahren als Vorreiter im Bereich Datenschutz und digitaler Compliance etabliert. Die Einführung der Datenschutz-Grundverordnung (DSGVO) im Jahr 2018 und die Verschärfung der Grundsätze zur ordnungsmäßigen Führung und Aufbewahrung von Büchern (GoBD) haben neue Maßstäbe gesetzt. Diese Entwicklungen haben nicht nur die Sensibilität für Datenschutzfragen geschärft, sondern auch konkrete rechtliche Anforderungen geschaffen, die Unternehmen jeder Größenordnung betreffen.

Besonders bemerkenswert ist dabei die Tatsache, dass sich bereits über 29.500 deutsche Unternehmen auf die ab Herbst 2025 geltende NIS2-Richtlinie vorbereiten müssen. Diese neue Cybersicherheitsverordnung unterstreicht die wachsende Bedeutung eigenverantwortlicher IT-Sicherheitsmaßnahmen und macht deutlich, dass selbstgehostete Infrastrukturen nicht mehr nur eine Option für Technik-Enthusiasten sind, sondern eine strategische Notwendigkeit für rechtskonforme Unternehmensführung.

Die technologische Renaissance des Self-Hostings

Parallel zu diesen regulatorischen Entwicklungen hat sich die technische Landschaft dramatisch gewandelt. Open-Source-Lösungen wie Postfix, Dovecot, Mailcow und Modoboa haben in den letzten Jahren eine Reife erreicht, die professionelle E-Mail-Infrastrukturen auch für kleinere Organisationen praktikabel macht. Container-Technologien wie Docker haben die Komplexität der Bereitstellung erheblich reduziert, während Cloud-Computing und erschwingliche Virtual Private Server (VPS) die Einstiegshürden gesenkt haben.

Gleichzeitig zeigen aktuelle Studien, dass deutsche Berufstätige durchschnittlich 26 geschäftliche E-Mails pro Tag erhalten. Diese Zahl verdeutlicht die zentrale Rolle der E-Mail-Kommunikation im Geschäftsleben und damit auch die Bedeutung einer sicheren, datenschutzkonformen Infrastruktur.

Warum dieses Buch entstanden ist

Als jemand, der seit Jahren in der Cybersicherheitsbranche tätig ist und die Evolution der digitalen Kommunikation hautnah miterlebt hat, beobachte ich mit wachsender Sorge die zunehmende Abhängigkeit von zentralisierten Diensten. Gleichzeitig erlebe ich täglich die Frustration von Unternehmen und Privatpersonen, die ihre digitale Autonomie zurückgewinnen möchten, aber nicht wissen, wo sie anfangen sollen.

Dieses Buch entstand aus der Überzeugung heraus, dass technische Souveränität nicht das Privileg weniger Experten sein darf, sondern ein erreichbares Ziel für jeden, der bereit ist, sich das notwendige Wissen anzueignen. Es ist das Ergebnis jahrelanger praktischer Erfahrung, unzähliger Implementierungen und der systematischen Aufarbeitung der komplexen deutschen Rechtslage.

Ein praxisorientierter Ansatz

Was dieses Handbuch von anderen technischen Dokumentationen unterscheidet, ist sein konsequent praxisorientierter Ansatz. Jedes Kapitel wurde so konzipiert, dass Leser mit unterschiedlichen Vorkenntnissen – vom interessierten Privatnutzer bis zum erfahrenen Systemadministrator –

konkrete, umsetzbare Schritte finden. Alle Anleitungen wurden in realen Umgebungen getestet und mit über 110 verifizierbaren Quellen dokumentiert.

Besondere Aufmerksamkeit wurde der rechtlichen Dimension gewidmet. Die korrekte Implementierung von DSGVO-Anforderungen, GoBD-konformer Archivierung und der seit Januar 2025 geltenden E-Rechnungspflicht wird nicht als theoretische Abhandlung, sondern als praktische Checklisten und Konfigurationsbeispiele präsentiert.

Die Zielgruppe: Mutige Pioniere der digitalen Unabhängigkeit

Dieses Buch richtet sich an alle, die den Mut haben, Verantwortung für ihre digitale Kommunikation zu übernehmen:

- **Privatnutzer**, die ihre persönlichen Daten vor kommerzieller Verwertung schützen möchten
- **Kleine und mittlere Unternehmen**, die kosteneffiziente, compliance-konforme E-Mail-Lösungen suchen
- **IT-Administratoren**, die ihre Expertise in Self-Hosting-Technologien erweitern wollen
- **Datenschutzbeauftragte**, die technische Implementierungsmöglichkeiten verstehen müssen
- **Entwickler und Systemintegratoren**, die ihren Kunden souveräne Alternativen anbieten wollen

Ein Blick in die Zukunft

Die Entscheidung für selbstgehostete E-Mail-Server ist mehr als eine technische Wahl – sie ist ein Statement für digitale Selbstbestimmung. In einer Zeit, in der Algorithmen über die Sichtbarkeit unserer Nachrichten entscheiden und Geschäftsmodelle auf der Verwertung persönlicher Daten basieren, stellt jeder selbst betriebene Server einen kleinen, aber bedeutsamen Akt des Widerstands dar.

Die in diesem Buch vermittelten Kenntnisse werden Sie nicht nur in die Lage versetzen, technisch versierte E-Mail-Infrastrukturen aufzubauen, sondern auch ein tieferes Verständnis für die Mechanismen digitaler Kommunikation zu entwickeln. Dieses Wissen wird in einer zunehmend vernetzten Welt immer wertvoller.

Dank und Ermutigung

Mein Dank gilt allen Pionieren der Open-Source-Bewegung, deren selbstlose Arbeit die Grundlage für die hier beschriebenen Lösungen geschaffen hat. Ebenso danke ich den unzähligen Administratoren und Entwicklern, die durch ihre Dokumentationen, Forenbeiträge und Code-Repositories das kollektive Wissen erweitert haben, auf dem dieses Buch aufbaut.

An Sie, liebe Leserinnen und Leser, richte ich die Ermutigung: Lassen Sie sich nicht von der scheinbaren Komplexität abschrecken. Jeder Experte war einmal Anfänger, und jede Reise beginnt mit dem ersten Schritt. Die digitale Souveränität, die Sie durch die Umsetzung der hier beschriebenen Konzepte erlangen, wird nicht nur Ihre technischen Fähigkeiten erweitern, sondern auch Ihr Verständnis für die digitale Welt grundlegend verändern.

Dr. Naim Tahir Baig

September 2025

Kapitel I: Einleitung

Die zentrale Rolle der E-Mail-Kommunikation in der digitalen Gesellschaft

E-Mail ist das Rückgrat der digitalen Kommunikation des 21. Jahrhunderts. Mit über 4,59 Milliarden E-Mail-Nutzern weltweit im Jahr 2025 – das entspricht 56% der gesamten Weltbevölkerung – hat sich die elektronische Post als unverzichtbares Kommunikationsmittel etabliert.[1] Diese beeindruckende Durchdringung wird noch deutlicher, wenn man die täglichen Nutzungsgewohnheiten betrachtet: Täglich werden weltweit über 376 Milliarden E-Mails versendet, eine Zahl, die bis 2027 auf 408 Milliarden ansteigen soll.[2]

Deutschland nimmt in dieser digitalen Landschaft eine besondere Stellung ein. Mit 8,5 Milliarden täglich versendeten E-Mails liegt die Bundesrepublik nach den USA auf dem zweiten Platz der E-Mail-Nutzung weltweit.[3] Bemerkenswert ist dabei, dass 83% der deutschen Internetnutzer regelmäßig E-Mails senden und empfangen,[4] wobei etwa 20 Millionen Deutsche täglich E-Mails nutzen.[5] Diese Zahlen unterstreichen nicht nur die fundamentale Bedeutung der E-Mail-Kommunikation, sondern verdeutlichen auch die immense Abhängigkeit der deutschen Gesellschaft und Wirtschaft von dieser Technologie.

Die Dominanz einzelner Anbieter ist dabei alarmierend: Gmail allein verarbeitet täglich 121 Milliarden E-Mails und hält einen Marktanteil von 25,89%.[6] In Deutschland zeigt sich ein ähnliches Bild der Konzentration, wobei internationale Dienste wie Gmail neben nationalen Anbietern wie GMX und Web.de um die Marktführerschaft konkurrieren.[7] Diese Zentralisierung birgt erhebliche Risiken für Datenschutz, Informationssicherheit und digitale Souveränität.

Herausforderungen der Abhängigkeit von Big Tech-Anbietern

Die Abhängigkeit von großen Technologiekonzernen bei der E-Mail-Kommunikation hat in den letzten Jahren zunehmend kritische

Dimensionen erreicht. Aktuelle Untersuchungen von Amnesty International aus dem Jahr 2025 zeigen auf, dass Unternehmen wie Google und Meta "eine umfassende Überwachungsinfrastruktur aufgebaut haben, die Regierungen leicht anzapfen können".[8] Diese Befürchtungen werden durch konkrete Zahlen untermauert: Die US-Regierung allein hat ihre Datenanfragen bei Google um 530%, bei Meta um 675% und bei Apple um 621% seit 2014 gesteigert.[9]

Besonders bedenklich ist das Ausmaß der Datensammlung. Google kann private E-Mails lesen, Standortdaten exakt verfolgen und sammelt intime Details über Nutzer, einschließlich Wohn- und Arbeitssituation.[10] Gmail sammelt im Vergleich zu anderen E-Mail-Anwendungen unverhältnismäßig viele Daten, darunter Standort, Identifikatoren, Nutzungsdaten, Käufe, Kontaktinformationen, Nutzerinhalte, Suchverlauf und Diagnosedaten.[11] Diese extensive Datensammlung ist unvereinbar mit dem Grundrecht auf Privatsphäre und lässt Nutzern wenig Kontrolle darüber, wie ihre Daten erfasst und verarbeitet werden.

Die Sicherheitsrisiken sind nicht weniger besorgniserregend. Phishing-Angriffe, die häufig über E-Mail-Systeme erfolgen, haben dramatisch zugenommen: 3,4 Milliarden Phishing-E-Mails werden täglich versendet.[12] Die Sophistiziertheit dieser Angriffe hat sich seit der Einführung von ChatGPT um 4.151% gesteigert,[13] was zeigt, wie Künstliche Intelligenz von Cyberkriminellen instrumentalisiert wird. Gleichzeitig sind 94% der Organisationen Opfer von Phishing-Angriffen geworden, was einem Anstieg gegenüber 92% im Jahr 2023 entspricht.[14]

Datenschutzrechtliche Herausforderungen in Deutschland

Deutschland steht unter der Geltung der Datenschutz-Grundverordnung (DSGVO) vor besonderen Herausforderungen im Umgang mit E-Mail-Kommunikation. Die DSGVO erfordert von Organisationen, personenbezogene Daten in all ihren Formen zu schützen, und verschärft die Regeln für Einwilligung sowie die Datenschutzrechte von Personen.[15] E-Mail-Postfächer enthalten jedoch eine Fülle personenbezogener Daten – von Namen und E-Mail-Adressen bis hin zu Anhängen und Gesprächen über Menschen –, die alle unter die strengen DSGVO-Anforderungen fallen.

Die rechtlichen Implikationen sind erheblich. Verstöße gegen die DSGVO können zu Geldstrafen von bis zu 20 Millionen Euro oder 4% des weltweiten Jahresumsatzes eines Unternehmens führen.[16] Datenschutzbehörden können zusätzliche Korrekturmaßnahmen verhängen, einschließlich der Anordnung, die Verarbeitung personenbezogener Daten einzustellen. Besonders problematisch ist dabei die Tatsache, dass viele Nutzer niemals E-Mails löschen, was zu einer kontinuierlichen Ansammlung personenbezogener Daten führt und das Risiko bei Datenschutzverletzungen erhöht.[17]

Die Übertragung personenbezogener Daten außerhalb des Europäischen Wirtschaftsraums (EWR) ist nur unter spezifischen Bedingungen zulässig, einschließlich Angemessenheitsbeschlüssen der Europäischen Kommission oder Standardvertragsklauseln.[18] Das Schrems II-Urteil des Europäischen Gerichtshofs von 2020 hat diese Übertragungen weiter verkompliziert, indem es die Notwendigkeit betonte, dass Organisationen die Datenschutzlandschaft der Empfängerländer bewerten müssen.[19]

Self-Hosting als Alternative: Vorteile der digitalen Souveränität

Angesichts dieser Herausforderungen gewinnt das Self-Hosting von E-Mail-Servern als Alternative zunehmend an Bedeutung. Self-Hosting ermöglicht es Privatpersonen und Organisationen, vollständige Kontrolle über ihre E-Mail-Infrastruktur zu erlangen, einschließlich Daten, Sicherheit und der Möglichkeit, benutzerdefinierte Richtlinien anzuwenden, um bessere Privatsphäre zu gewährleisten.[20]

Die Vorteile des Self-Hostings sind vielfältig und überzeugend:

Vollständige Datenkontrolle und Privatsphäre: Beim Hosting eines eigenen E-Mail-Servers behält man absolute Kontrolle über die Daten. Im Gegensatz zu kommerziellen Anbietern, die E-Mails zu Werbezwecken scannen oder Daten mit Dritten teilen können, bleibt bei einer selbst gehosteten Lösung die gesamte Kommunikation privat und sicher innerhalb der eigenen Infrastruktur.[21] Diese Art der Kontrolle erstreckt sich auf Anpassungsoptionen, die bei gehosteten Lösungen einfach nicht verfügbar sind.

Kosteneffizienz bei Skalierung: Obwohl die anfängliche Einrichtung eine Investition erfordert, kann das Hosting eines eigenen E-Mail-Servers zu erheblichen langfristigen Einsparungen führen, insbesondere für Organisationen mit vielen Nutzern. Statt monatlicher Pro-Nutzer-Gebühren, die sich schnell summieren können, sind nur Server- und Wartungskosten zu decken. Organisationen mit 100 Nutzern zahlen oft 500-1500 Euro monatlich für kommerzielle E-Mail-Hosting-Dienste, während eine selbst gehostete Lösung einen Bruchteil davon kosten könnte.[22]

Professionelle Markenidentität: Self-Hosting ermöglicht die Verwendung der eigenen Domain für alle E-Mail-Adressen und schafft ein professionelles Image, das die Markenidentität stärkt. Man ist nicht von externen Anbietern für domainbasierte E-Mail-Services abhängig, was vollständige Autonomie über E-Mail-Adressen und Richtlinien gewährt.[23]

Branchenspezifische Sicherheitsanforderungen: Mit einem eigenen E-Mail-Server können Sicherheitsmaßnahmen implementiert werden, die spezifischen Branchenanforderungen entsprechen. Dies ist besonders wertvoll für Organisationen im Gesundheitswesen, Finanzwesen oder anderen regulierten Branchen, die strenge Datenschutzstandards einhalten müssen.[24]

Unabhängigkeit von Drittanbietern: Self-Hosting eliminiert die Abhängigkeit von Drittanbietern. Man erlebt keine Ausfallzeiten aufgrund externer Serviceausfälle und ist nicht Richtlinienänderungen oder Serviceeinstellungen unterworfen, die den Betrieb stören könnten.[25]

Herausforderungen und realistische Betrachtung

Trotz der überzeugenden Vorteile bringt Self-Hosting auch erhebliche Herausforderungen mit sich, die eine sorgfältige Abwägung erfordern. Eine der größten Hürden ist die Gewährleistung der E-Mail-Zustellbarkeit. Große E-Mail-Anbieter wie Gmail und Outlook verfügen über ausgeklügelte Spam-Filtersysteme, die E-Mails von neuen oder unbekannten Servern zunächst mit Skepsis behandeln können. Der Aufbau einer positiven Absenderreputation erfordert Zeit und sorgfältige Aufmerksamkeit für

E-Mail-Aufwärmprozesse und die Aufrechterhaltung guter Versandpraktiken.[26]

Die technischen Anforderungen sind nicht zu unterschätzen. Während man Kontrolle über die Sicherheit gewinnt, übernimmt man auch die volle Verantwortung für den Schutz der E-Mail-Infrastruktur. Dies umfasst regelmäßige Sicherheitsupdates, Bedrohungsüberwachung, Implementierung ordnungsgemäßer Firewall-Regeln und Reaktion auf Sicherheitsvorfälle.[27] Ein kompromittierter E-Mail-Server kann zu einer Spam-Quelle werden und möglicherweise zur Sperrung der IP-Adresse führen, was zu erheblichen Zustellungsproblemen führen kann, deren Behebung Wochen dauern kann.

Netzwerksicherheitsrisiken sind besonders bei internetfähigen selbst gehosteten Mail-Servern relevant. Es ist entscheidend, sie mit angemessenen Sicherheitsmaßnahmen wie Firewalls, Intrusion Detection Systems (IDS) oder sogar VPNs zu schützen. Der Server muss Ports für Dienste wie SMTP, IMAP und POP3 öffnen, aber die Sicherung dieser Ports vor bösartigen Quellen ist die erste Verteidigungslinie zum Schutz von Geschäftsdaten.[28]

Zielgruppe und Anwendungsszenarien

Dieses Buch richtet sich an verschiedene Zielgruppen, die alle gemeinsam das Bedürfnis nach größerer Kontrolle über ihre E-Mail-Kommunikation verspüren:

Privatnutzer und Familien: Personen, die Wert auf Privatsphäre legen und vollständige Kontrolle über ihre persönlichen Kommunikationsdaten wünschen. Gerade in Deutschland, wo das Bewusstsein für Datenschutz historisch tief verwurzelt ist, suchen viele nach Alternativen zu den großen Technologiekonzernen.

Kleine und mittlere Unternehmen (KMU): Unternehmen mit 10-50 Mitarbeitern, die DSGVO-konforme Lösungen benötigen und gleichzeitig Kosten kontrollieren möchten. Diese Organisationen stehen oft vor der Herausforderung, professionelle E-Mail-Services zu benötigen, ohne die hohen Kosten und Datenschutzbedenken großer Anbieter in Kauf nehmen zu wollen.

IT-Administratoren und Entwickler: Fachkräfte, die technische Expertise besitzen und maßgeschneiderte E-Mail-Lösungen implementieren möchten. Diese Gruppe schätzt die Flexibilität und Kontrolle, die Self-Hosting bietet, und verfügt über die notwendigen Fähigkeiten, um die technischen Herausforderungen zu bewältigen.

Regulierte Branchen: Organisationen im Gesundheitswesen, Finanzwesen, Rechtsbereich oder in der öffentlichen Verwaltung, die strenge Compliance-Anforderungen erfüllen müssen. Für diese Sectoren kann Self-Hosting eine notwendige Maßnahme zur Einhaltung branchenspezifischer Datenschutz- und Sicherheitsbestimmungen sein.

Aufbau und Zielsetzung des Buches

Dieses Buch verfolgt das Ziel, eine umfassende, praxisnahe Anleitung für die Einrichtung und den Betrieb selbstgehosteter E-Mail-Server in Deutschland zu bieten. Der Aufbau folgt einer logischen Progression vom Grundverständnis bis zur praktischen Umsetzung:

Grundlagen und rechtlicher Rahmen (Kapitel II-III): Vermittlung der technischen Grundbegriffe und umfassende Behandlung der rechtlichen Aspekte, insbesondere DSGVO und GoBD-Anforderungen, die für deutsche Nutzer von besonderer Relevanz sind.

Praktische Vorbereitung (Kapitel IV): Detaillierte Anleitung zur Vorbereitung der technischen Infrastruktur, einschließlich Domain-Setup und Hardware-Auswahl.

Implementation und Konfiguration (Kapitel V-VII): Schritt-für-Schritt-Anleitungen zur Installation, Sicherheitskonfiguration und Optimierung verschiedener E-Mail-Server-Lösungen.

Betrieb und Wartung (Kapitel VIII): Praktische Hinweise zur langfristigen Wartung, Troubleshooting und kontinuierlichen Sicherheit.

Anwendungsbeispiele (Kapitel IX): Realistische Fallbeispiele für verschiedene Nutzergruppen und Anwendungsszenarien.

Das Buch legt besonderen Wert auf verifizierbare Informationen und basiert auf aktuellen, überprüfbaren Quellen aus der Praxis. Alle technischen Anleitungen sind darauf ausgelegt, auch von weniger erfahrenen Nutzern umgesetzt werden zu können, ohne dabei die Komplexität der Materie zu vernachlässigen.

Fazit: Der Weg zu digitaler Selbstbestimmung

Die E-Mail-Kommunikation steht an einem Wendepunkt. Während die Abhängigkeit von großen Technologiekonzernen zunimmt und gleichzeitig Datenschutzbedenken und Cyberbedrohungen wachsen, bietet Self-Hosting einen Ausweg zu mehr digitaler Selbstbestimmung. Die Entscheidung für einen selbstgehosteten E-Mail-Server ist nicht nur eine technische, sondern auch eine philosophische: Es ist eine Entscheidung für Privatsphäre, Kontrolle und Unabhängigkeit in einer zunehmend überwachten digitalen Welt.

Dieses Buch möchte Ihnen die Werkzeuge und das Wissen an die Hand geben, um diese Entscheidung informiert treffen und erfolgreich umsetzen zu können. Denn in einer Zeit, in der digitale Kommunikation so zentral für unser privates und berufliches Leben geworden ist, sollte die Kontrolle über diese Kommunikation in unseren eigenen Händen liegen.

Fußnoten:

[1] EmailToolTester, "How many email users are there in 2025? (and other email usage statistics)," April 8, 2024, https://www.emailtooltester.com/en/blog/email-usage-statistics/

[2] Omnisend, "Email Marketing Statistics 2025: Key Insights," April 16, 2025, https://www.omnisend.com/blog/email-marketing-statistics/

[3] Statista, "Daily number of emails sent by country 2025," Cisco Talos Intelligence Group, April 18, 2024, https://www.statista.com/statistics/1270459/daily-emails-sent-by-country/

[4] Eurostat, "Share of internet users who used the internet for sending and receiving e-mails in Germany from 2008 to 2023," December 15, 2023,

https://www.statista.com/statistics/445740/internet-sending-and-receiving-e-mails-germany/

[5] Statista, "Sending, receiving e-mails: internet usage in Germany 2021," https://www.statista.com/statistics/441526/sending-receiving-e-mails-internet-usage-germany/

[6] DemandSage, "Gmail Statistics (2025) – Market Share & Users Data," 2 weeks ago, https://www.demandsage.com/gmail-statistics/

[7] Statista, "Leading e-mail providers in Germany in 2022," GMX, November 25, 2022, https://www.statista.com/statistics/446418/most-popular-e-mail-providers-germany/

[8] Amnesty International, "Why are Big Tech companies a threat to human rights?," 10 hours ago, https://www.amnesty.org/en/latest/news/2025/08/why-are-big-tech-companies-a-threat-to-human-rights/

[9] Proton, "Authorities worldwide can see more than ever, with Big Tech as their eyes," February 27, 2025, https://proton.me/blog/big-tech-data-requests-surge

[10] Amnesty International, "Why are Big Tech companies a threat to human rights?," 10 hours ago, https://www.amnesty.org/en/latest/news/2025/08/why-are-big-tech-companies-a-threat-to-human-rights/

[11] The Science Survey, "The Problems of Internet Privacy and Big Tech Companies," https://thesciencesurvey.com/news/2023/02/28/the-problems-of-internet-privacy-and-big-tech-companies/

[12] AAG IT Support, "The Latest Phishing Statistics (updated June 2025)," June 3, 2025, https://aag-it.com/the-latest-phishing-statistics/

[13] Hoxhunt, "Phishing Trends Report (Updated for 2025)," https://hoxhunt.com/guide/phishing-trends-report

[14] Egress, "Must-know phishing statistics for 2025," https://www.egress.com/blog/security-and-email-security/must-know-phishing-statistics-for-2025

[15] GDPR.eu, "How does the GDPR affect email?," February 13, 2019, https://gdpr.eu/email-encryption/

[16] Your Europe, "Data protection under GDPR," March 3, 2025, https://europa.eu/youreurope/business/dealing-with-customers/data-protection/data-protection-gdpr/index_en.htm

[17] GDPR.eu, "How does the GDPR affect email?," February 13, 2019, https://gdpr.eu/email-encryption/

[18] E-commerce Germany News, "GDPR & data privacy in Germany: All you should know," April 14, 2025, https://ecommercegermany.com/blog/gdpr-data-privacy-in-germany-all-you-should-know

[19] E-commerce Germany News, "GDPR & data privacy in Germany: All you should know," April 14, 2025, https://ecommercegermany.com/blog/gdpr-data-privacy-in-germany-all-you-should-know

[20] MailServerGuru, "How to Self-Host an Email Server: Expert Guide [2025]," June 20, 2025, https://mailserverguru.com/self-host-email-server/

[21] WebShanks, "Hosting Your Own Email Server in 2025: The Complete Guide to Pros and Cons," June 24, 2025, https://webshanks.com/hosting-your-own-email-server/

[22] WebShanks, "Hosting Your Own Email Server in 2025: The Complete Guide to Pros and Cons," June 24, 2025, https://webshanks.com/hosting-your-own-email-server/

[23] WebShanks, "Hosting Your Own Email Server in 2025: The Complete Guide to Pros and Cons," June 24, 2025, https://webshanks.com/hosting-your-own-email-server/

[24] MailServerGuru, "How to Self-Host an Email Server: Expert Guide [2025]," June 20, 2025, https://mailserverguru.com/self-host-email-server/

[25] WebShanks, "Hosting Your Own Email Server in 2025: The Complete Guide to Pros and Cons," June 24, 2025, https://webshanks.com/hosting-your-own-email-server/

[26] WebShanks, "Hosting Your Own Email Server in 2025: The Complete Guide to Pros and Cons," June 24, 2025, https://webshanks.com/hosting-your-own-email-server/

[27] WebShanks, "Hosting Your Own Email Server in 2025: The Complete Guide to Pros and Cons," June 24, 2025, https://webshanks.com/hosting-your-own-email-server/

[28] MailServerGuru, "How to Self-Host an Email Server: Expert Guide [2025]," June 20, 2025, https://mailserverguru.com/self-host-email-server/

Kapitel II: Grundlagen des E-Mail-Servers

Einführung

Die moderne E-Mail-Kommunikation basiert auf einem komplexen System miteinander verbundener Protokolle und Technologien, die zusammenarbeiten, um die nahtlose Übertragung elektronischer Nachrichten zu ermöglichen. Bevor wir uns mit der praktischen Einrichtung eines selbstgehosteten E-Mail-Servers befassen, ist es entscheidend, die fundamentalen Konzepte und technischen Grundlagen zu verstehen, die das Fundament jeder E-Mail-Infrastruktur bilden.

In diesem Kapitel werden wir die wesentlichen Protokolle erkunden, die E-Mail-Kommunikation ermöglichen, die Vor- und Nachteile verschiedener Hosting-Ansätze analysieren und einen umfassenden Überblick über die verfügbaren Software-Lösungen geben. Dieses Wissen bildet die Basis für fundierte Entscheidungen bei der Planung und Implementierung eines eigenen E-Mail-Servers in Deutschland.

Technische Grundbegriffe

Simple Mail Transfer Protocol (SMTP)

Das Simple Mail Transfer Protocol (SMTP) bildet das Rückgrat der E-Mail-Übertragung im Internet. Als fundamentaler Mechanismus ermöglicht SMTP die Übertragung von E-Mails zwischen verschiedenen Servern und E-Mail-Clients[1]. SMTP fungiert als "digitales Postsystem" für elektronische Nachrichten und definiert die Regeln und Verfahren für den E-Mail-Versand.

Funktionsweise von SMTP:

Wenn eine E-Mail versendet wird, durchläuft sie mehrere definierte Schritte[2]:

1. **Verbindungsaufbau**: Der E-Mail-Client stellt eine Verbindung zum SMTP-Server her, typischerweise über die Ports 25 (Server-zu-Server), 587 (Client-Submission) oder 465 (SMTPS mit SSL/TLS)[3].

2. **Authentifizierung**: Der Server überprüft die Berechtigung des Senders, E-Mails zu versenden. Moderne SMTP-Implementierungen verwenden SMTP AUTH zur Benutzerverifikation[4].
3. **Nachrichtenweiterleitung**: Der SMTP-Server analysiert die Empfängeradresse und ermittelt über DNS-MX-Records den zuständigen Zielserver[5].
4. **Zustellung**: Die Nachricht wird an den Zielserver übertragen, der sie zur weiteren Verarbeitung an das lokale Zustellsystem weitergibt.

SMTP ist primär ein "Push-Protokoll", das ausschließlich für den Versand von E-Mails konzipiert ist und nicht für den Empfang oder das Abrufen von Nachrichten[6]. Diese klare Funktionstrennung ist ein grundlegendes Designprinzip der E-Mail-Architektur.

Sicherheitsaspekte:

Das ursprüngliche SMTP-Protokoll unterstützte nur 7-Bit-ASCII-Text und bot keine integrierte Verschlüsselung oder Authentifizierung[7]. Diese Limitierungen machten das System anfällig für verschiedene Angriffsvektoren:

- E-Mail-Spoofing durch fehlende Sender-Verifizierung
- Unverschlüsselte Datenübertragung
- Open-Relay-Problematik bei schlecht konfigurierten Servern

Moderne SMTP-Implementierungen adressieren diese Schwächen durch Erweiterungen wie STARTTLS für Verschlüsselung, SMTP AUTH für Authentifizierung und strenge Konfigurationsrichtlinien[8].

Internet Message Access Protocol (IMAP) und Post Office Protocol 3 (POP3)

Während SMTP den Versand von E-Mails regelt, sind IMAP und POP3 für den Empfang und das Abrufen von Nachrichten zuständig. Diese Protokolle verfolgen jedoch grundlegend unterschiedliche Philosophien[9].

IMAP (Internet Message Access Protocol):

IMAP, derzeit in Version 4 (IMAP4) implementiert, ermöglicht die synchronisierte Verwaltung von E-Mails auf dem Server[10]. Die wesentlichen Charakteristika umfassen:

- **Server-basierte Speicherung**: E-Mails verbleiben auf dem Server und werden bei Bedarf heruntergeladen
- **Multi-Device-Synchronisation**: Änderungen werden über alle verbundenen Geräte hinweg synchronisiert
- **Selektiver Download**: Nur Kopfzeilen werden initial übertragen, Inhalte bei Bedarf
- **Ordnerstrukturen**: Unterstützung komplexer Verzeichnishierarchien auf dem Server

Technische Implementierung: IMAP verwendet standardmäßig Port 143 für unverschlüsselte und Port 993 für SSL/TLS-verschlüsselte Verbindungen[11]. Der Protokollablauf gestaltet sich folgendermaßen:

1. Client-Server-Verbindung über TCP/IP
2. Authentifizierung mit Benutzerdaten
3. Ordnerauswahl und Nachrichtenlisting
4. Selektiver Content-Download
5. Synchronisation lokaler Änderungen mit dem Server

POP3 (Post Office Protocol Version 3):

POP3 verfolgt einen fundamentally anderen Ansatz und ist für Offline-E-Mail-Nutzung optimiert[12]. Die charakteristischen Eigenschaften sind:

- **Download-und-Lösch-Prinzip**: Nachrichten werden standardmäßig nach dem Abruf vom Server entfernt
- **Lokale Speicherung**: E-Mails werden vollständig auf das Client-Gerät übertragen
- **Einfache Konfiguration**: Minimaler Overhead bei der Einrichtung
- **Offline-Verfügbarkeit**: Vollständiger Zugriff auf E-Mails ohne

Internetverbindung

Technische Spezifikationen: POP3 nutzt Port 110 für Standard-Verbindungen und Port 995 für verschlüsselte SSL/TLS-Verbindungen[13]. Der Protokollablauf ist wesentlich einfacher:

1. Verbindungsaufbau zum POP3-Server
2. Benutzerauthentifizierung
3. Vollständiger Download aller Nachrichten
4. Lokale Speicherung und Server-Löschung
5. Verbindungsbeendigung

Vergleichende Analyse IMAP vs. POP3:

Kriterium	IMAP	POP3
Speicherort	Server-basiert	Client-basiert
Multi-Device-Support	Vollständig	Begrenzt
Offline-Verfügbarkeit	Limitiert	Vollständig
Bandbreitennutzung	Optimiert	Vollständig
Server-Speicherbedarf	Hoch	Minimal
Konfigurationskomplexität	Mittel	Niedrig

Die Wahl zwischen IMAP und POP3 hängt von spezifischen Anwendungsszenarien ab. IMAP eignet sich optimal für moderne Multi-Device-Umgebungen, während POP3 für einfache, single-device-basierte Konfigurationen vorteilhaft ist[14].

Multipurpose Internet Mail Extensions (MIME)

MIME erweitert die ursprünglichen SMTP-Limitierungen erheblich und ermöglicht die Übertragung komplexer Inhaltstypen über das E-Mail-System[15]. Diese Erweiterung war notwendig, da das ursprüngliche E-Mail-System nur 7-Bit-ASCII-Text verarbeiten konnte und keine Multimedia-Inhalte unterstützte[16].

Grundlegende MIME-Funktionalität:

MIME führt mehrere fundamentale Erweiterungen ein[17]:

1. **Zeichensatz-Erweiterung**: Unterstützung für Unicode und andere nicht-ASCII-Zeichensätze
2. **Multimedia-Anhänge**: Integration von Bildern, Audio, Video und Anwendungsdateien
3. **Multipart-Nachrichten**: Strukturierung komplexer E-Mails mit verschiedenen Inhaltstypen
4. **Content-Type-Definition**: Präzise Spezifikation des Inhaltsformats

MIME-Header-Struktur:

MIME definiert spezielle Header-Felder, die die Interpretation des Nachrichteninhalts steuern[18]:

MIME-Version: 1.0

Content-Type: multipart/mixed; boundary="boundary-string"

Content-Transfer-Encoding: 7bit

Content-Disposition: attachment; filename="example.pdf"

Content-Type-Klassifikation:

MIME verwendet ein hierarchisches System zur Inhaltsklassifikation[19]:

- **Haupttypen**: text, image, audio, video, application, multipart, message
- **Subtypen**: Spezifische Formatdefinitionen (z.B. text/html, image/jpeg)
- **Parameter**: Zusätzliche Attributes wie Zeichensatz oder Dateigröße

Encoding-Mechanismen:

Da SMTP ursprünglich nur 7-Bit-ASCII unterstützte, definiert MIME verschiedene Kodierungsverfahren[20]:

- **7bit**: Standard-ASCII ohne Transformation
- **8bit**: Erweiterte Zeichensätze (mit 8BITMIME-Unterstützung)
- **binary**: Reine Binärdaten (mit BINARYMIME-Erweiterung)
- **base64**: Base64-Kodierung für binäre Inhalte
- **quoted-printable**: Optimierte Kodierung für hauptsächlich ASCII-Text

Lightweight Directory Access Protocol (LDAP)

LDAP spielt eine zentrale Rolle in der Authentifizierung und Benutzeroverwaltung von E-Mail-Servern[21]. Als verzeichnisbasiertes Protokoll ermöglicht es die zentrale Verwaltung von Benutzeridentitäten, Zugriffsberechtigungen und organisatorischen Strukturen[22].

LDAP-Grundprinzipien:

LDAP basiert auf einem hierarchischen Datenmodell, das als Directory Information Tree (DIT) bezeichnet wird[23]:

- **Distinguished Names (DN)**: Eindeutige Identifikatoren für Verzeichniseinträge
- **Relative Distinguished Names (RDN)**: Komponentenbasierte Pfadangaben
- **Objektklassen**: Strukturelle und funktionale Kategorisierung
- **Attribute**: Spezifische Eigenschaften von Verzeichnisobjekten

Authentifizierungsmechanismen:

LDAP unterstützt verschiedene Authentifizierungsverfahren[24]:

1. **Simple BIND**: Klartext-basierte Authentifizierung (nur mit TLS empfohlen)
2. **SASL BIND**: Simple Authentication and Security Layer mit erweiterten Mechanismen
3. **Anonymous BIND**: Uneingeschränkter, aber limitierter Verzeichniszugriff

E-Mail-Integration:

In E-Mail-Systemen fungiert LDAP typischerweise als[25]:

- **Benutzerverzeichnis**: Zentrale Speicherung von E-Mail-Adressen und Benutzerinformationen
- **Authentifizierungsquelle**: Validierung von Anmeldedaten für SMTP und IMAP/POP3
- **Adressbuch-Backend**: Bereitstellung von Kontaktinformationen für E-Mail-Clients
- **Richtlinien-Repository**: Speicherung von Quota-Einstellungen und Zugriffsbeschränkungen

Sicherheitsaspekte:

Moderne LDAP-Implementierungen erfordern verschlüsselte Verbindungen[26]:

- **LDAPS**: LDAP über SSL/TLS auf Port 636
- **StartTLS**: Upgrade-Mechanismus auf Standard-Port 389
- **SASL-Verschlüsselung**: Protokollintegrierte Sicherheitsschichten

Vergleich selbstgehosteter vs. gehosteter Server

Die Entscheidung zwischen selbstgehosteten und gehosteten E-Mail-Servern ist eine der fundamentalsten Überlegungen bei der Planung einer E-Mail-Infrastruktur. Diese Wahl beeinflusst nicht nur die technische Architektur, sondern auch Aspekte wie Datenschutz, Kosten, Skalierbarkeit und Wartungsaufwand.

Vorteile selbstgehosteter E-Mail-Server

Vollständige Datenkontrolle und Privatsphäre:

Der primäre Vorteil eines selbstgehosteten E-Mail-Servers liegt in der absoluten Kontrolle über alle Daten[27]. Im Gegensatz zu kommerziellen Anbietern, die E-Mails für Werbezwecke scannen oder Daten an Dritte weitergeben können, verbleiben bei selbstgehosteten Lösungen alle

Kommunikationsdaten unter der direkten Kontrolle des Betreibers[28]. Diese Kontrolle erstreckt sich auf:

- Physische Speicherung der Daten auf eigener Infrastruktur
- Vollständige Verschlüsselungshoheit
- Keine ungewollte Datenweitergabe an Drittanbieter
- Compliance mit spezifischen Datenschutzanforderungen (DSGVO, GoBD)

Kosteneffizienz bei größeren Implementierungen:

Während die initialen Kosten für selbstgehostete Lösungen höher sein können, entstehen bei größeren Benutzergruppen erhebliche Kostenvorteile[29]. Eine Analyse zeigt, dass Organisationen mit über 100 Benutzern monatlich zwischen 500 und 1.500 Euro für kommerzielle E-Mail-Hosting-Dienste zahlen, während eine selbstgehostete Lösung mit ähnlicher Funktionalität für einen Bruchteil dieser Kosten betrieben werden kann[30].

Unbegrenzte Anpassbarkeit:

Selbstgehostete E-Mail-Server bieten maximale Flexibilität bei der Konfiguration[31]:

- Individuelle Sicherheitsrichtlinien und Firewall-Regeln
- Maßgeschneiderte Speicher- und Quota-Konfigurationen
- Integration mit bestehenden IT-Systemen und Workflows
- Anpassung an spezifische Compliance-Anforderungen
- Entwicklung eigener Features und Erweiterungen

Skalierbarkeit und Performance-Kontrolle:

Bei selbstgehosteten Lösungen können Administratoren die Hardware-Ressourcen präzise an die Anforderungen anpassen[32]:

- Dedizierte Ressourcen ohne Sharing mit anderen Kunden
- Optimierung der Hardware für spezifische Workloads
- Flexible Skalierung bei Bedarf

- Kontrolle über Netzwerk-Latenz und Bandbreite

Nachteile selbstgehosteter E-Mail-Server

Hohe technische Komplexität:

Die Einrichtung und Wartung eines E-Mail-Servers erfordert umfassende technische Expertise[33]. Die Komplexität umfasst:

- Konfiguration multipler Komponenten (MTA, MDA, DNS, Webmail)
- Kontinuierliche Sicherheitsupdates und Patch-Management
- Überwachung von Logs und Performance-Metriken
- Troubleshooting komplexer Interoperabilitätsprobleme

Deliverability-Herausforderungen:

Eines der größten Probleme selbstgehosteter E-Mail-Server sind Zustellbarkeitsschwierigkeiten[34]. Große E-Mail-Provider verwenden sophisticated Spam-Filter und Reputation-Systeme, die neu konfigurierte Server oft als verdächtig einstufen. Problematische Faktoren sind:

- IP-Reputation-Aufbau erfordert Zeit und konsistenten Traffic
- Komplexe SPF/DKIM/DMARC-Konfiguration für Authentifizierung
- Blacklisting-Risiken bei Fehlkonfigurationen
- Schwierigkeiten beim Erreichen der Inbox bei Gmail, Outlook und anderen

Verfügbarkeit und Ausfallsicherheit:

Selbstgehostete Lösungen sind vollständig abhängig von der eigenen Infrastruktur[35]:

- Ungeplante Ausfälle durch Hardware-Probleme
- Netzwerk-Störungen und Internetverbindungsausfälle
- Notwendigkeit einer 24/7-Verfügbarkeit ohne professionelles

Support-Team
- Backup- und Disaster-Recovery-Verantwortung

Rechtliche und Compliance-Verantwortung:

Der Betrieb eines E-Mail-Servers in Deutschland unterliegt umfassenden rechtlichen Anforderungen[36]:

- DSGVO-konforme Datenverarbeitung und -speicherung
- GoBD-konforme Archivierung geschäftlicher E-Mails
- Haftung bei Datenschutzverstößen oder Sicherheitslücken
- Notwendigkeit einer umfassenden Dokumentation aller Prozesse

Vorteile gehosteter E-Mail-Server

Professionelle Wartung und Support:

Kommerzielle E-Mail-Provider verfügen über spezialisierte Teams und Infrastrukturen[37]:

- 24/7-Monitoring und Support
- Automatische Sicherheitsupdates
- Proaktive Problemerkennung und -lösung
- Service Level Agreements (SLAs) mit Verfügbarkeitsgarantien

Hohe Deliverability:

Etablierte Provider haben über Jahre hinweg Reputation und Beziehungen zu anderen E-Mail-Anbietern aufgebaut[38]:

- Optimale Zustellraten zu allen großen E-Mail-Providern
- Professionelle IP-Reputation-Verwaltung
- Automatisierte Blacklist-Überwachung und -Removal
- Kontinuierliche Optimierung der Authentifizierungsstandards

Skalierbarkeit ohne Infrastruktur-Investment:

Gehostete Lösungen bieten sofortige Skalierbarkeit[39]:

- Elastische Ressourcen je nach Bedarf
- Keine Kapital-Investitionen in Hardware
- Automatische Load-Balancing und Redundanz
- Globale Verfügbarkeit durch Content Delivery Networks

Nachteile gehosteter E-Mail-Server

Begrenzte Datenkontrolle:

Bei gehosteten Lösungen sind Nutzer den Richtlinien des Providers unterworfen[40]:

- Potenzielle Datenweitergabe für Werbezwecke
- Compliance mit Provider-AGB statt eigenen Standards
- Risiken durch Jurisdiktionswechsel oder Policy-Änderungen
- Abhängigkeit von Dritten bei kritischen Geschäftsprozessen

Langfristige Kostenstruktur:

Die monatlichen Gebühren für gehostete Dienste summieren sich über Jahre zu erheblichen Beträgen[41]:

- Linear steigende Kosten bei Benutzerwachstum
- Zusatzkosten für erweiterte Features
- Preiserhöhungen durch Anbieter ohne Einflussnahme
- Vendor-Lock-in-Effekte bei Datenmigrationen

Funktionale Einschränkungen:

Gehostete Dienste bieten standardisierte Lösungen mit begrenzter Anpassbarkeit[42]:

- Vordefinierte Features ohne Customization-Möglichkeiten
- Eingeschränkte Integration mit bestehenden Systemen
- Limitierte API-Funktionalitäten

- Abhängigkeit von Provider-Roadmaps für neue Features

Entscheidungsmatrix: Selbstgehostet vs. Gehostet

Kriterium	Selbstgehostet	Gehostet
Datenkontrolle	����� Vollständig	�� Begrenzt
Kosteneffizienz (>50 Benutzer)	����� Sehr gut	�� Mäßig
Technische Komplexität	� Sehr hoch	����� Minimal
Deliverability	�� Herausfordernd	����� Excellent
Anpassbarkeit	����� Unbegrenzt	�� Eingeschränkt
Verfügbarkeits-SLA	�� Selbstverantwortlich	����� Professionell
Compliance-Kontrolle	����� Vollständig	��� Provider-abhängig
Time-to-Market	�� Langsam	����� Sofort

Überblick über gängige Software-Lösungen

Die Landschaft der E-Mail-Server-Software hat sich in den letzten Jahren erheblich weiterentwickelt. Von traditionellen Unix-basierten Komponenten bis hin zu modernen, containerisierten All-in-One-Lösungen existiert heute eine breite Palette von Optionen für verschiedene Anwendungsszenarien.

Postfix: Der moderne Mail Transfer Agent

Postfix gilt als der de-facto Standard für Mail Transfer Agents in produktiven Umgebungen[43]. Entwickelt von Wietse Venema als Alternative zu Sendmail, zeichnet sich Postfix durch seine Sicherheitsarchitektur und Performance aus[44].

Architektonische Besonderheiten:

Postfix implementiert ein modulares Design mit mehreren spezialisierten Prozessen[45]:

- **Master-Daemon**: Zentrale Prozessverwaltung und Koordination
- **Pickup**: Sammlung lokaler Mail-Submissions
- **Cleanup**: Nachrichtenverarbeitung und Header-Rewriting
- **Queue Manager**: Warteschlangen-Management und Routing
- **SMTP-Daemon**: Externe Verbindungsannahme
- **Local**: Lokale Zustellung
- **Transport-Agenten**: Externe Zustellung über verschiedene Protokolle

Diese Architektur bietet inhärente Sicherheit durch Prozess-Isolation und minimiert das Risiko von Systemkompromittierungen.

Performance-Charakteristika:

Postfix ist für hohe Durchsatzraten optimiert[46]:

- **Connection Pooling**: Wiederverwendung von SMTP-Verbindungen
- **Pipeline-Verarbeitung**: Parallelisierung von Mail-Processing-Stufen
- **Adaptive Zustellung**: Dynamische Anpassung an Zielserver-Performance
- **TLS-Integration**: Native Verschlüsselung ohne Performance-Einbußen

Konfigurationsflexibilität:

Die Postfix-Konfiguration erfolgt über multiple Konfigurationsdateien[47]:

```
# main.cf - Hauptkonfiguration

myhostname = mail.example.com

mydomain = example.com

myorigin = $mydomain

inet_interfaces = all
```

mydestination = $myhostname, localhost.$mydomain, localhost, $mydomain

Transport-Maps für komplexe Routing-Szenarien

transport_maps = hash:/etc/postfix/transport

Dovecot: Der sichere IMAP/POP3-Server

Dovecot hat sich als führender Mail Delivery Agent etabliert und wird von großen Service-Providern weltweit eingesetzt[48]. Die Software ist für sowohl kleine als auch extrem große Installationen geeignet.

Sicherheitsfeatures:

Dovecot implementiert mehrschichtige Sicherheitskonzepte[49]:

- **Privilege Separation**: Minimale Berechtigungen für alle Prozesse
- **Chroot-Umgebungen**: Isolation kritischer Komponenten
- **Multiple Authentication Backend**: Unterstützung für PAM, LDAP, SQL
- **Quota-Enforcement**: Granulare Speicherlimitierungen
- **Anti-Brute-Force**: Integrierte Angriffserkennung

Performance-Optimierungen:

Dovecot bietet verschiedene Mechanismen für hohe Performance[50]:

- **Index-Caching**: Beschleunigte Nachrichtensuche
- **Mailbox-Format-Flexibilität**: Unterstützung für Maildir, mbox, dbox
- **Connection Multiplexing**: Effiziente Verbindungsnutzung
- **Lazy Loading**: Bedarfsgerechtes Laden von Nachrichteninhalten

Integration mit anderen Komponenten:

Dovecot kann als Authentifizierungsprovider für andere Dienste fungieren[51]:

Dovecot als SASL-Provider für Postfix

```
# /etc/postfix/main.cf

smtpd_sasl_type = dovecot

smtpd_sasl_path = private/auth
```

Mailcow: Die moderne All-in-One-Lösung

Mailcow repräsentiert die neue Generation von E-Mail-Server-Lösungen[52]. Als Docker-basierte Plattform kombiniert es bewährte Open-Source-Komponenten in einer benutzerfreundlichen Gesamtlösung[53].

Komponentenarchitektur:

Mailcow integriert folgende Hauptkomponenten[54]:

- **Postfix**: SMTP-Server für Mail-Transfer
- **Dovecot**: IMAP/POP3-Server für Mail-Delivery
- **Rspamd**: Anti-Spam und Anti-Virus Engine
- **SOGo**: Groupware für Kalender und Kontakte
- **Nginx**: Reverse Proxy und Webserver
- **Redis**: Caching und Session-Storage
- **MySQL/MariaDB**: Datenbank-Backend

Verwaltungsinterface:

Das Mailcow-UI bietet umfassende Verwaltungsfunktionen[55]:

- **Domain-Management**: Multi-Mandanten-fähige Domain-Verwaltung
- **Benutzer-Administration**: Self-Service-Portal für Endbenutzer
- **Anti-Spam-Konfiguration**: Granulare Filter-Einstellungen
- **TLS-Certificate-Management**: Automatisierte Let's Encrypt-Integration
- **Monitoring**: Real-Time-Überwachung aller Komponenten

Deployment-Vorteile:

Die Container-basierte Architektur bietet mehrere Vorteile[56]:

- **Reproduzierbare Deployments**: Konsistente Umgebungen über alle Installationen
- **Simplified Updates**: Atomic Updates ohne Service-Unterbrechungen
- **Resource Isolation**: Klare Trennung zwischen verschiedenen Services
- **Horizontal Scaling**: Erweiterung durch zusätzliche Container-Instanzen

Weitere relevante Software-Lösungen

Mail-in-a-Box:

Mail-in-a-Box fokussiert auf extreme Einfachheit bei der Installation[57]. Die Lösung automatisiert den kompletten Setup-Prozess und ist ideal für technische Laien geeignet. Allerdings bietet sie weniger Anpassungsmöglichkeiten als andere Lösungen.

Modoboa:

Modoboa positioniert sich als benutzerfreundliche Alternative mit einem 10-Minuten-Setup-Versprechen[58]. Die Plattform bietet eine intuitive Web-Oberfläche und integrierten Support für Anti-Spam und Anti-Virus-Funktionen.

iRedMail:

iRedMail ist eine vollständige Open-Source-Mail-Server-Lösung, die auf bewährten Komponenten basiert[59]. Sie bietet umfassende Features für Enterprise-Umgebungen, erfordert jedoch mehr manuelle Konfiguration.

Mailu:

Mailu ähnelt Mailcow in seinem Docker-basierten Ansatz, fokussiert aber auf Minimalismus[60]. Es bietet eine schlankere Alternative für Umgebungen mit begrenzten Ressourcen.

Vergleichende Bewertung der Software-Lösungen

Lösung	Komplexität	Features	Performance	Community	Wartung
Postfix + Dovecot	����	�����	�����	�����	���
Mailcow	��	�����	����	����	�����
Mail-in-a-Box	�	���	���	���	����
Modoboa	��	����	����	���	����
iRedMail	���	�����	����	���	���
Mailu	��	���	����	���	����

Fazit

Die Grundlagen des E-Mail-Servers bilden ein komplexes, aber faszinierendes Ökosystem aus Protokollen, Technologien und Software-Lösungen. Das Verständnis der fundamentalen Konzepte von SMTP, IMAP/POP3, MIME und LDAP ist essentiell für jeden, der eine fundierte Entscheidung über die Implementierung eines E-Mail-Servers treffen möchte.

Die Wahl zwischen selbstgehosteten und gehosteten Lösungen hängt von spezifischen organisatorischen Anforderungen ab. Während selbstgehostete Server maximale Kontrolle und langfristige Kostenvorteile bieten, erfordern sie erhebliche technische Expertise und kontinuierliche Wartung. Gehostete Lösungen punkten hingegen mit professioneller Wartung und optimaler Deliverability, schränken aber die Datenkontrolle und Anpassbarkeit ein.

Die verfügbaren Software-Lösungen decken ein breites Spektrum von Anforderungen ab. Während traditionelle Kombinationen wie Postfix und Dovecot maximale Flexibilität und Performance bieten, ermöglichen moderne All-in-One-Lösungen wie Mailcow einen schnelleren Einstieg bei reduzierter Komplexität.

Für den deutschen Markt sind die rechtlichen Rahmenbedingungen der DSGVO und GoBD von besonderer Relevanz. Diese Compliance-Anforderungen können sowohl für als auch gegen Self-Hosting sprechen, je nach spezifischer Implementierung und organisatorischen Capabilities.

Das nächste Kapitel wird sich mit den konkreten rechtlichen Aspekten des E-Mail-Server-Betriebs in Deutschland befassen und praktische Leitlinien für DSGVO- und GoBD-konforme Implementierungen bereitstellen.

Fußnoten

[1] Mailtrap, "Email Protocols Explained: SMTP, POP3, and IMAP," zuletztaufgerufen am 4. September 2025, https://mailtrap.io/blog/imap-vs-pop3-vs-smtp-email-protocols/.

[2] ZEMEV, "Email protocols: An overview of SMTP, POP3, and IMAP," Medium, 15. April 2025, https://medium.com/@zomev/email-protocols-an-overview-of-smtp-pop3-and-imap-2144d95fce26.

[3] Uninets, "What is Email Protocol in Computer Network?," zuletztaufgerufen am 4. September 2025, https://www.uninets.com/blog/email-protocols.

[4] Red Sift, "What's the difference between SMTP, IMAP, and POP3 email protocols?," 6. Mai 2025, https://blog.redsift.com/email/whats-the-difference-between-smtp-imap-and-pop3-email-protocols/.

[5] GeeksforGeeks, "IMAP vs POP3 vs SMTP: What is the Difference," 28. September 2023, https://www.geeksforgeeks.org/imap-vs-pop3-vs-smtp/.

[6] Courier, "IMAP vs POP3 vs SMTP - The Ultimate Comparison," zuletztaufgerufen am 4. September 2025, https://www.courier.com/guides/imap-vs-pop3-vs-smtp.

[7] TechTarget, "What is MIME (Multipurpose Internet Mail Extensions)?," zuletztaufgerufen am 4. September 2025, https://www.techtarget.com/whatis/definition/MIME-Multi-Purpose-Internet-Mail-Extensions.

[8] Liquid Web, "Email protocols: An overview of SMTP, POP3, and IMAP," 25. November 2024, https://www.liquidweb.com/blog/a-beginners-guide-to-email-protocols-smtp-pop3-and-imap/.

[9] Hostinger, "Imap vs pop3: A comprehensive guide to email protocols," 3. September 2024, https://www.hostinger.com/tutorials/pop3-vs-imap.

[10] Microsoft Support, "What are IMAP and POP?," zuletztaufgerufen am 4. September 2025, https://support.microsoft.com/en-us/office/what-are-imap-and-pop-ca2c5799-49f9-4079-aefe-ddca85d5b1c9.

[11] Uninets, "What is Email Protocol in Computer Network?"

[12] GeeksforGeeks, "IMAP vs POP3 vs SMTP: What is the Difference."

[13] Uninets, "What is Email Protocol in Computer Network?"

[14] Hostinger, "Imap vs pop3: A comprehensive guide to email protocols."

[15] GeeksforGeeks, "Multipurpose Internet Mail Extension (MIME) Protocol," 27. August 2018, https://www.geeksforgeeks.org/computer-networks/multipurpose-internet-mail-extension-mime-protocol/.

[16] TechTarget, "What is MIME (Multipurpose Internet Mail Extensions)?"

[17] Wikipedia, "MIME," zuletztaufgerufen am 4. September 2025, https://en.wikipedia.org/wiki/MIME.

[18] Mozilla Developer Network, "Media types (MIME types)," zuletztaufgerufen am 4. September 2025, https://developer.mozilla.org/en-US/docs/Web/HTTP/Guides/MIME_types.

[19] Unstop, "What is Multipurpose Internet Mail Extensions (MIME) Protocol?," 18. Dezember 2024, https://unstop.com/blog/mime-protocol.

[20] Lenovo, "MIME Explained: Send Files & More in Emails Effortlessly," zuletztaufgerufen am 4. September 2025, https://www.lenovo.com/us/en/glossary/what-is-mime/.

[21] Red Hat, "What is lightweight directory access protocol (LDAP) authentication?," zuletztaufgerufen am 4. September 2025, https://www.redhat.com/en/topics/security/what-is-ldap-authentication.

[22] Wikipedia, "Lightweight Directory Access Protocol," zuletztaufgerufen am 4. September 2025, https://en.wikipedia.org/wiki/Lightweight_Directory_Access_Protocol.

[23] Okta, "What Is LDAP & How Does It Work?," zuletztaufgerufen am 4. September 2025, https://www.okta.com/identity-101/what-is-ldap/.

[24] TechTarget, "What is LDAP (Lightweight Directory Access Protocol)?," zuletztaufgerufen am 4. September 2025, https://www.techtarget.com/searchmobilecomputing/definition/LDAP.

[25] JumpCloud, "LDAP Authentication: What It Is and How It Works," 1. Juli 2024, https://jumpcloud.com/blog/what-is-ldap-authentication.

[26] Fortinet, "What is LDAP Authentication? How Does It Work?," zuletztaufgerufen am 4. September 2025, https://www.fortinet.com/resources/cyberglossary/ldap-authentication.

[27] Webshanks, "Hosting Your Own Email Server in 2025: The Complete Guide to Pros and Cons," 24. Juni 2025, https://webshanks.com/hosting-your-own-email-server/.

[28] Fastmail, "Pros and cons of hosting your own email," 24. Mai 2023, https://www.fastmail.com/blog/pros-and-cons-of-hosting-your-own-email/.

[29] Webshanks, "Hosting Your Own Email Server in 2025."

[30] Ibid.

[31] RunCloud, "10 Best Self-Hosted Email Server Platforms to Use in 2025," 3. März 2025, https://runcloud.io/blog/best-self-hosted-email-server.

[32] Geekflare, "11 Best Self-Hosted Email Server Platforms to Use [2025]," 13. Mai 2025, https://geekflare.com/hosting/self-hosted-email-server/.

[33] Apixel, "The Pros and Cons of Self-Hosting a Mail Server," 16. Mai 2025, https://www.apixel.com.sg/blog/the-pros-and-cons-of-self-hosting-a-mail-server/.

[34] Fastmail, "Pros and cons of hosting your own email."

[35] Ibid.

[36] MailStore, "E-Mail-Archivierung mit MailStore Server und die DSGVO," zuletztaufgerufen am 4. September 2025, https://www.mailstore.com/de/lp-e-mail-archivierung-dsgvo/.

[37] SendX, "The Advantages and Disadvantages of Hosting Your Email," 22. Mai 2025, https://www.sendx.io/blog/host-your-own-email-server.

[38] Mail Server Guru, "How to Self-Host an Email Server: Expert Guide [2025]," 20. Juni 2025, https://mailserverguru.com/self-host-email-server/.

[39] Hostinger, "Host your own email server: how to set up a self-hosted email service in 2025," zuletztaufgerufen am 4. September 2025, https://www.hostinger.com/tutorials/how-to-host-your-own-email-server.

[40] LowEndTalk, "Hosted vs. Self-Hosted Email," 9. Februar 2024, https://lowendtalk.com/discussion/192634/hosted-vs-self-hosted-email.

[41] Content Mavericks, "7 Best Self Hosted Email Server Software 2025 (Ranked)," 3. Januar 2025, https://contentmavericks.com/best-self-hosted-email-server/.

[42] SendX, "The Advantages and Disadvantages of Hosting Your Email."

[43] Postfix, "The Postfix Home Page," zuletztaufgerufen am 4. September 2025, https://www.postfix.org/.

[44] DoHost, "Postfix vs. Dovecot: Role and Interaction in a Mail Server Stack," 26. Juli 2025, https://dohost.us/index.php/2025/07/26/postfix-vs-dovecot-role-and-interaction-in-a-mail-server-stack/.

[45] Super User, "Why use both Dovecot and Postfix?," zuletztaufgerufen am 4. September 2025, https://superuser.com/questions/962074/why-use-both-dovecot-and-postfix.

[46] Slashdot, "Compare Postfix vs. mailcow in 2025," zuletztaufgerufen am 4. September 2025, https://slashdot.org/software/comparison/Postfix-vs-mailcow/.

[47] DoHost, "Postfix vs. Dovecot: Role and Interaction in a Mail Server Stack."

[48] Dovecot, "Dovecot | The Secure IMAP server," zuletztaufgerufen am 4. September 2025, https://www.dovecot.org/.

[49] RunCloud, "10 Best Self-Hosted Email Server Platforms to Use in 2025."

[50] Super User, "Why use both Dovecot and Postfix?"

[51] DoHost, "Postfix vs. Dovecot: Role and Interaction in a Mail Server Stack."

[52] Mailcow, "mailcow: dockerized - Blog," zuletztaufgerufen am 21. August 2025, https://mailcow.email/.

[53] SourceForge, "Dovecot vs. Postfix vs. mailcow Comparison," zuletztaufgerufen am 4. September 2025, https://sourceforge.net/software/compare/Dovecot-vs-Postfix-vs-mailcow/.

[54] CloudPages, "Top 9 Mailcow Alternatives - Guide 2024," 1. März 2024, https://cloudpages.cloud/blog/mailcow-alternatives/.

[55] RunCloud, "10 Best Self-Hosted Email Server Platforms to Use in 2025."

[56] Mailcow, "mailcow: dockerized - Blog."

[57] AlternativeTo, "mailcow: dockerized Alternatives: Top 10 Mail Servers & Similar Apps," zuletztaufgerufen am 4. September 2025, https://alternativeto.net/software/mailcow/.

[58] Geekflare, "11 Best Self-Hosted Email Server Platforms to Use [2025]."

[59] Content Mavericks, "7 Best Self Hosted Email Server Software 2025 (Ranked)."

[60] Forward Email, "15 Top Open Source Email Servers for Webmail in 2025," zuletztaufgerufen am 4. September 2025, https://forwardemail.net/en/blog/open-source/webmail-email-server.

Kapitel III: Rechtliche Aspekte in Deutschland

Einleitung

Die rechtlichen Rahmenbedingungen für selbstgehostete E-Mail-Server in Deutschland sind komplex und vielschichtig. Während das Self-Hosting von E-Mail-Servern erhebliche Vorteile in Bezug auf Datenkontrolle und Unabhängigkeit bietet, bringt es gleichzeitig bedeutende rechtliche Verantwortlichkeiten mit sich. Dieses Kapitel beleuchtet die drei zentralen rechtlichen Säulen, die beim Betrieb eines selbstgehosteten E-Mail-Servers in Deutschland zu beachten sind: die Datenschutz-Grundverordnung (DSGVO), die Grundsätze zur ordnungsmäßigen Führung und Aufbewahrung von Büchern (GoBD) sowie die komplexen Haftungs- und Vertragsbeziehungen, die sich aus dem Betrieb ergeben.

Die rechtliche Compliance ist nicht nur eine formale Pflicht, sondern auch ein entscheidender Wettbewerbsvorteil. Unternehmen, die frühzeitig und umfassend rechtskonforme E-Mail-Infrastrukturen implementieren, können nicht nur empfindliche Bußgelder vermeiden, sondern auch das Vertrauen ihrer Kunden und Geschäftspartner stärken. Die aktuellen Entwicklungen in der Rechtsprechung zeigen deutlich, dass die Durchsetzung datenschutzrechtlicher Vorschriften zunehmend verschärft wird und bereits kleine Verstöße zu erheblichen finanziellen Konsequenzen führen können.

DSGVO-Anforderungen an E-Mail-Server

Grundlegende Prinzipien der DSGVO im E-Mail-Kontext

Die Datenschutz-Grundverordnung definiert E-Mail-Adressen eindeutig als personenbezogene Daten[1]. Dies bedeutet, dass bereits die einfache Speicherung und Verarbeitung von E-Mail-Adressen den strengen Anforderungen der DSGVO unterliegt. Für Betreiber selbstgehosteter E-Mail-Server entstehen daraus weitreichende Pflichten, die sich durch alle Aspekte des Serverbetriebs ziehen.

Die fundamentalen Datenschutzgrundsätze nach Artikel 5 DSGVO müssen bei jedem selbstgehosteten E-Mail-Server gewährleistet sein:

Rechtmäßigkeit, Verarbeitung nach Treu und Glauben, Transparenz: Jede Verarbeitung personenbezogener Daten muss auf einer der in Artikel 6 DSGVO genannten Rechtsgrundlagen beruhen. Bei geschäftlichen E-Mail-Servern ist dies häufig die Vertragserfüllung (Art. 6 Abs. 1 lit. b DSGVO) oder das berechtigte Interesse (Art. 6 Abs. 1 lit. f DSGVO)[2].

Zweckbindung: E-Mail-Daten dürfen nur für die spezifischen, eindeutig festgelegten und rechtmäßigen Zwecke verarbeitet werden, für die sie erhoben wurden. Eine nachträgliche Zweckänderung ist nur unter strengen Voraussetzungen zulässig.

Datenminimierung: Es dürfen nur die Daten verarbeitet werden, die für den jeweiligen Verarbeitungszweck erforderlich sind. Bei E-Mail-Servern bedeutet dies beispielsweise, dass keine unnötigen Metadaten oder Verkehrsdaten gespeichert werden sollten.

Richtigkeit: Die gespeicherten E-Mail-Daten müssen sachlich richtig und erforderlichenfalls auf dem neuesten Stand sein. Unrichtige Daten sind unverzüglich zu berichtigen oder zu löschen.

Speicherbegrenzung: Personenbezogene Daten dürfen nur so lange gespeichert werden, wie es für die Zwecke der Verarbeitung erforderlich ist. Dies steht häufig in Spannung zu den GoBD-Archivierungspflichten, die später behandelt werden.

Technische und organisatorische Maßnahmen (TOM)

Artikel 32 DSGVO verpflichtet Betreiber von E-Mail-Servern zur Implementierung angemessener technischer und organisatorischer Maßnahmen. Diese müssen ein dem Risiko angemessenes Schutzniveau gewährleisten[3].

Verschlüsselung: Die Transportverschlüsselung mittels TLS ist heute Standard und erfüllt nach der aktuellen Rechtsprechung des Bundesgerichtshofs die Anforderungen des Artikel 32 DSGVO[4]. Während eine Ende-zu-Ende-

Verschlüsselung rechtlich nicht zwingend vorgeschrieben ist, empfiehlt sie sich bei besonders sensiblen Daten. Die deutschen Datenschutzbehörden haben in ihrer Orientierungshilfe vom 16. Juni 2021 klargestellt, dass eine Transportverschlüsselung für die meisten Anwendungsfälle ausreichend ist[5].

Zugangskontrollen: Der Zugang zu E-Mail-Daten muss streng kontrolliert und dokumentiert werden. Dies umfasst sowohl die Benutzerauthentifizierung als auch die Protokollierung von Zugriffen. Die Implementierung einer Zwei-Faktor-Authentifizierung ist mittlerweile als Best Practice anzusehen.

Pseudonymisierung und Anonymisierung: Wo möglich, sollten personenbezogene Daten pseudonymisiert oder anonymisiert werden. Bei E-Mail-Servern kann dies beispielsweise durch die Anonymisierung von IP-Adressen in Logfiles erfolgen.

Backups und Disaster Recovery: Angemessene Backup- und Wiederherstellungsverfahren sind nicht nur aus technischer, sondern auch aus datenschutzrechtlicher Sicht erforderlich. Dabei muss sichergestellt werden, dass auch Backup-Systeme den DSGVO-Anforderungen entsprechen.

Serverstandorte und internationale Datenübermittlungen

Ein wesentlicher Vorteil selbstgehosteter E-Mail-Server liegt in der Kontrolle über den Serverstandort. Die DSGVO privilegiert Serverstandorte innerhalb des Europäischen Wirtschaftsraums, da hier einheitliche Datenschutzstandards gelten[6].

Präferenz für EU-Standorte: Sowohl technische als auch rechtliche Erwägungen sprechen für Serverstandorte in Deutschland oder anderen EU-Mitgliedstaaten. Deutsche Rechenzentren unterliegen den strengen deutschen Datenschutzgesetzen und bieten damit ein hohes Schutzniveau[7].

Drittlandübermittlungen: Werden E-Mail-Server außerhalb der EU betrieben, greifen die strengen Regeln für Drittlandübermittlungen nach Kapitel V DSGVO. Dies erfordert entweder einen Angemessenheitsbeschluss der EU-Kommission oder geeignete Garantien wie Standarddatenschutzklauseln. Die aktuellen geopolitischen Entwicklungen, insbesondere nach dem Schrems II-Urteil des EuGH, haben die Anforderungen an Drittlandübermittlungen erheblich verschärft[8].

Betroffenenrechte und deren praktische Umsetzung

Die DSGVO gewährt betroffenen Personen umfassende Rechte, die bei selbstgehosteten E-Mail-Servern praktisch umsetzbar sein müssen:

Auskunftsrecht (Art. 15 DSGVO): Betroffene können jederzeit Auskunft über die sie betreffenden gespeicherten Daten verlangen. E-Mail-Server müssen technisch so konzipiert sein, dass diese Auskünfte zeitnah und vollständig erteilt werden können.

Berichtigungsrecht (Art. 16 DSGVO): Unrichtige personenbezogene Daten müssen unverzüglich berichtigt werden können.

Löschungsrecht (Art. 17 DSGVO): Das „Recht auf Vergessenwerden" steht häufig in Spannung zu den gesetzlichen Aufbewahrungspflichten nach GoBD. Hier muss eine sorgfältige Abwägung zwischen Löschpflicht und Aufbewahrungspflicht erfolgen.

Recht auf Datenübertragbarkeit (Art. 20 DSGVO): Betroffene können die sie betreffenden Daten in einem strukturierten, gängigen und maschinenlesbaren Format erhalten. E-Mail-Server sollten daher Exportfunktionen in Standardformaten wie EML oder PST bieten[9].

Praktische Umsetzung der Informationspflichten

Artikel 13 und 14 DSGVO verpflichten zur transparenten Information der betroffenen Personen. Bei E-Mail-Servern müssen Nutzer über folgende Punkte informiert werden:

- **Verantwortlicher und Kontaktdaten**: Klare Benennung des Serverbetreibers
- **Zwecke der Datenverarbeitung**: Eindeutige Beschreibung, wofür E-Mail-Daten verwendet werden
- **Rechtsgrundlagen**: Transparente Darstellung der rechtlichen Basis der Datenverarbeitung

- **Speicherdauer**: Information über Aufbewahrungszeiten und -kriterien
- **Betroffenenrechte**: Vollständige Auflistung aller Rechte nach DSGVO
- **Beschwerderecht**: Hinweis auf die Möglichkeit der Beschwerde bei der Aufsichtsbehörde

DSGVO-konforme E-Mail-Anbieter und Dienste

Auch bei selbstgehosteten Servern werden häufig externe Dienste eingebunden, die DSGVO-konform ausgewählt werden müssen. Deutsche und europäische Anbieter bieten hier deutliche Compliance-Vorteile[10]:

Deutsche Anbieter wie IONOS, STRATO oder Mittwald operieren unter deutschem Datenschutzrecht und bieten häufig bereits DSGVO-konforme Standardkonfigurationen. Diese Anbieter sind vertraut mit den deutschen Datenschutzanforderungen und bieten entsprechende Auftragsverarbeitungsverträge an.

Europäische Alternativen wie Proton Mail (Schweiz) oder StartMail (Niederlande) bieten zusätzliche Sicherheitsfeatures wie standardmäßige Ende-zu-Ende-Verschlüsselung und Zero-Knowledge-Architekturen[11].

GoBD-konforme Archivierung für geschäftliche E-Mails

Rechtliche Grundlagen der E-Mail-Archivierung

Die Pflicht zur Archivierung geschäftlicher E-Mails ergibt sich nicht aus einem einheitlichen Gesetz, sondern aus einem komplexen Geflecht verschiedener Rechtsvorschriften[12]. Die wichtigsten rechtlichen Grundlagen sind:

Handelsgesetzbuch (HGB): § 238 HGB verpflichtet Kaufleute zur Führung von Handelsbüchern und zur Aufbewahrung von Handelsbriefen. § 257 HGB konkretisiert die Aufbewahrungsfristen und -pflichten[13].

Abgabenordnung (AO): § 147 AO definiert, welche Unterlagen aufzubewahren sind und regelt die steuerrechtlichen Aspekte der Archivierung. Hier werden explizit auch elektronische Dokumente erfasst[14].

Grundsätze zur ordnungsmäßigen Führung und Aufbewahrung von Büchern, Aufzeichnungen und Unterlagen in elektronischer Form sowie zum Datenzugriff (GoBD): Diese Verwaltungsanweisung des Bundesfinanzministeriums konkretisiert die Anforderungen an die elektronische Archivierung und ist seit 2015 für alle Unternehmen bindend[15].

Welche E-Mails müssen archiviert werden?

Nicht alle E-Mails unterliegen der Archivierungspflicht. Entscheidend ist der Inhalt und die Funktion der E-Mail[16]:

Archivierungspflichtige E-Mails:

- Handels- und Geschäftsbriefe im Sinne des § 257 HGB
- E-Mails mit Buchungsbelegen oder steuerrelevanten Inhalten
- Verträge und vertragliche Vereinbarungen
- Rechnungen und Zahlungsbelege
- E-Mails zur Geschäftsanbahnung und -abwicklung
- Reklamationen und Gewährleistungskorrespondenz

Nicht archivierungspflichtige E-Mails:

- Private E-Mails (soweit die private Nutzung erlaubt ist)
- Interne organisatorische Mitteilungen ohne steuerliche Relevanz
- Werbung und Newsletter
- E-Mails, die lediglich als Transportmedium dienen (z.B. reine Weiterleitung von PDF-Anhängen)

Grenzfälle: Besondere Aufmerksamkeit verdienen E-Mails, die sowohl private als auch geschäftliche Inhalte enthalten. Hier ist eine Einzelfallprüfung erforderlich[17].

Aufbewahrungsfristen und -zeiträume

Die GoBD unterscheiden zwischen verschiedenen Aufbewahrungsfristen[18]:

10 Jahre Aufbewahrung:

- Buchungsbelege und Rechnungen
- E-Mails mit steuerlich relevanten Inhalten
- Unterlagen zu Einnahmen und Ausgaben
- Jahresabschlüsse und Bilanzen

6 Jahre Aufbewahrung:

- Handels- und Geschäftsbriefe
- Sonstige geschäftliche E-Mail-Korrespondenz
- Empfangene und versendete Handelsbriefe

Beginn der Aufbewahrungsfrist: Wichtig ist, dass die Aufbewahrungsfristen nicht mit dem Datum der E-Mail beginnen, sondern mit dem Schluss des Kalenderjahres, in dem die letzte Eintragung erfolgt ist oder die steuerliche Relevanz endet[19].

Technische Anforderungen der GoBD

Die GoBD stellen strenge technische Anforderungen an die E-Mail-Archivierung[20]:

Vollständigkeit: Alle archivierungspflichtigen E-Mails müssen vollständig und fehlerfrei archiviert werden. Dies umfasst sowohl den E-Mail-Text als auch alle Anhänge.

Unveränderbarkeit: Archivierte E-Mails müssen vor nachträglichen Veränderungen geschützt werden. Dies kann durch kryptographische Verfahren, WORM-Speicher oder dokumentierte Sicherungsverfahren erreicht werden[21].

Reproduzierbarkeit: Die archivierten E-Mails müssen jederzeit in ihrer ursprünglichen Form reproduziert werden können. Proprietäre Dateiformate sollten vermieden werden.

Ordnung und Systematik: E-Mails müssen geordnet und auffindbar archiviert werden. Eine systematische Ablagestruktur und aussagekräftige Suchfunktionen sind erforderlich.

Verlustfreie Speicherung: Die Archivierung muss so erfolgen, dass kein Informationsverlust eintritt. Komprimierungsverfahren sind zulässig, sofern sie verlustfrei arbeiten.

Verfahrensdokumentation

Ein häufig übersehener Aspekt der GoBD ist die Pflicht zur Erstellung einer Verfahrensdokumentation[22]. Diese muss umfassen:

- **Organisatorische Beschreibung**: Wer ist für die Archivierung verantwortlich?
- **Technische Beschreibung**: Welche Systeme und Verfahren werden eingesetzt?
- **Aufbewahrungsregeln**: Welche E-Mails werden wie lange aufbewahrt?
- **Zugriffs- und Berechtigungskonzept**: Wer darf auf archivierte E-Mails zugreifen?
- **Notfallplanung**: Wie wird bei technischen Ausfällen verfahren?

Integration mit E-Mail-Servern

Bei selbstgehosteten E-Mail-Servern muss die GoBD-konforme Archivierung nahtlos in die Serverarchitektur integriert werden[23]:

Journal-basierte Archivierung: E-Mails werden bereits beim Versand oder Empfang automatisch archiviert, bevor sie den Benutzer erreichen. Dies verhindert Manipulationen oder bewusste Löschungen.

Regelbasierte Archivierung: Automatische Klassifizierung von E-Mails basierend auf Absender, Empfänger, Betreff oder Inhalten. Nur relevante E-Mails werden archiviert.

Signierung und Zeitstempelung: Verwendung kryptographischer Verfahren zur Sicherstellung der Unveränderbarkeit und Authentizität der archivierten E-Mails[24].

Software-Lösungen für GoBD-konforme Archivierung

Verschiedene spezialisierte Software-Lösungen unterstützen die GoBD-konforme E-Mail-Archivierung:

MailStore Server: Eine der führenden Lösungen für E-Mail-Archivierung, die explizit DSGVO- und GoBD-zertifiziert ist. MailStore unterstützt verschiedene E-Mail-Server und bietet umfassende Compliance-Features[25].

Unternehmensweite Lösungen: Größere Unternehmen setzen häufig auf Enterprise-Lösungen wie Symantec Enterprise Vault, Microsoft Exchange Archiving oder IBM Domino Archiving.

Open-Source-Alternativen: Für technisch versierte Nutzer gibt es auch Open-Source-Lösungen wie Piler oder MailArchiva, die jedoch mehr Eigenaufwand bei der Konfiguration und Compliance-Sicherstellung erfordern.

Spannung zwischen DSGVO und GoBD

Ein besonders komplexer Bereich entsteht durch die teilweise widersprüchlichen Anforderungen von DSGVO und GoBD[26]:

Löschpflicht vs. Aufbewahrungspflicht: Während die DSGVO grundsätzlich eine Löschung personenbezogener Daten nach Wegfall des Verarbeitungszwecks verlangt, fordern die GoBD eine Aufbewahrung geschäftlicher E-Mails für 6-10 Jahre.

Praktische Lösungsansätze:

- **Rechtliche Grundlage beachten**: Die Aufbewahrung aufgrund gesetzlicher Pflichten (Art. 6 Abs. 1 lit. c DSGVO) ist rechtmäßig.
- **Differenzierte Archivierung**: Nur geschäftlich relevante E-Mails archivieren, private E-Mails konsequent ausschließen.

- **Dokumentation**: Klare Dokumentation der Archivierungsgründe und -zeiträume.
- **Technische Trennung**: Separate Behandlung von geschäftlichen und privaten E-Mail-Daten.

Haftung und Datenschutzverträge

Verantwortlichkeiten als E-Mail-Server-Betreiber

Der Betrieb eines selbstgehosteten E-Mail-Servers bringt umfassende rechtliche Verantwortlichkeiten mit sich. Der Server-Betreiber fungiert in der Regel als "Verantwortlicher" im Sinne der DSGVO[27], was bedeutet, dass er über die Zwecke und Mittel der Verarbeitung personenbezogener Daten entscheidet.

Primäre Verantwortlichkeiten:

- **Datenschutz-Compliance**: Vollständige Einhaltung aller DSGVO-Anforderungen
- **Datensicherheit**: Implementierung angemessener technischer und organisatorischer Maßnahmen
- **Betroffenenrechte**: Gewährleistung der Ausübung aller Rechte betroffener Personen
- **Meldepflichten**: Unverzügliche Meldung von Datenschutzverletzungen
- **Dokumentationspflichten**: Führung von Verarbeitungsverzeichnissen und Verfahrensdokumentationen

Besonderheiten bei geschäftlicher Nutzung: Unternehmen, die E-Mail-Server für ihre Mitarbeiter betreiben, tragen zusätzliche Verantwortung für die Überwachung der rechtmäßigen Nutzung und müssen arbeitsrechtliche Aspekte berücksichtigen[28].

Auftragsverarbeitungsverträge (AVV)

Sobald externe Dienstleister in den Betrieb des E-Mail-Servers eingebunden werden, entstehen Auftragsverarbeitungsverhältnisse nach Artikel 28 DSGVO[29].

Wann ist ein AVV erforderlich?

Auftragsverarbeitungsverträge sind notwendig bei:

- **Hosting-Dienstleistern**: Wenn der Server bei einem externen Provider gehostet wird
- **Backup-Dienstleistern**: Bei Auslagerung der Datensicherung
- **Wartungsdienstleistern**: Bei externer technischer Betreuung mit Datenzugriff
- **Cloud-Services**: Bei Integration von Cloud-Speichern oder -Diensten
- **Archivierungsdienstleistern**: Bei externer E-Mail-Archivierung

Inhaltliche Mindestanforderungen eines AVV:

- **Gegenstand und Dauer der Verarbeitung**: Klare Beschreibung der übertragenen Aufgaben
- **Art und Zweck der Verarbeitung**: Spezifische Darstellung der Datenverarbeitung
- **Kategorien personenbezogener Daten**: Auflistung der betroffenen Datentypen
- **Kategorien betroffener Personen**: Definition der Personengruppen
- **Pflichten und Rechte des Verantwortlichen**: Weisungsrecht und Kontrollbefugnisse
- **Technische und organisatorische Maßnahmen**: Konkrete Sicherheitsanforderungen
- **Unterauftragnehmer-Regelungen**: Umgang mit weiteren Dienstleistern
- **Unterstützungspflichten**: Hilfe bei der Gewährleistung von Betroffenenrechten[30]

Praktische Umsetzung: Viele etablierte Hosting-Provider bieten standardisierte AVV-Muster an, die jedoch immer auf die spezifischen Anforderungen des E-Mail-Server-Betriebs angepasst werden sollten.

Haftungsregelungen nach DSGVO

Die DSGVO hat die Haftungslandschaft grundlegend verändert. Artikel 82 DSGVO etabliert eine gemeinsame Haftung zwischen Verantwortlichen und Auftragsverarbeitern[31].

Außenhaftung: Gegenüber betroffenen Personen haften Verantwortlicher und Auftragsverarbeiter als Gesamtschuldner. Der Geschädigte kann von jedem Beteiligten die vollständige Entschädigung verlangen.

Innenhaftung: Im Verhältnis zueinander haftet nur derjenige, der seine datenschutzrechtlichen Pflichten verletzt hat. Derjenige, der den gesamten Schaden bezahlt hat, kann von den anderen Beteiligten entsprechende Anteile zurückfordern.

Praktische Bedeutung: Diese Haftungsregelung erhöht die Bedeutung klarer vertraglicher Haftungsverteilungen und angemessener Versicherungslösungen.

Risiken bei Datenschutzverstößen

Datenschutzverstöße können erhebliche finanzielle und reputationsbezogene Konsequenzen haben[32]:

Bußgelder: Die DSGVO sieht drastische Bußgelder vor:

- Bis zu 10 Millionen Euro oder 2% des weltweiten Jahresumsatzes bei weniger schweren Verstößen
- Bis zu 20 Millionen Euro oder 4% des weltweiten Jahresumsatzes bei schweren Verstößen

Aktuelle Bußgeldpraxis: Die deutschen Datenschutzbehörden verhängen auch gegen kleinere Unternehmen empfindliche Bußgelder. So wurden beispielsweise 2024 gegen verschiedene Unternehmen Bußgelder zwischen 3.000 Euro und 45 Millionen Euro verhängt[33].

Schadenersatzansprüche: Zusätzlich zu behördlichen Bußgeldern können betroffene Personen Schadenersatz für materielle und immaterielle Schäden geltend machen. Die Rechtsprechung entwickelt sich hier dynamisch, und auch bei "nur" immateriellen Schäden werden zunehmend Schadenersatzansprüche zugesprochen.

Reputationsschäden: Datenschutzverstöße führen häufig zu erheblichen Reputationsschäden, die langfristig schwerer wiegen können als die unmittelbaren finanziellen Konsequenzen.

Empfehlungen für Server-Standorte in Deutschland

Die Wahl des Server-Standorts hat erhebliche rechtliche Auswirkungen[34]:

Vorteile deutscher Standorte:

- **Rechtssicherheit**: Anwendung deutschen und europäischen Datenschutzrechts
- **Keine Drittlandproblematik**: Vermeidung komplexer Drittlandtransfer-Mechanismen
- **Gerichtsstand**: Deutsche Gerichte bei Rechtsstreitigkeiten
- **Behördenkontakte**: Direkte Kommunikation mit deutschen Datenschutzbehörden
- **Kulturelle Nähe**: Verständnis für deutsche Compliance-Anforderungen

Zertifizierte Rechenzentren: Deutsche Rechenzentren mit ISO 27001-Zertifizierung oder vergleichbaren Standards bieten zusätzliche Sicherheit und erleichtern die Erfüllung der technischen Schutzmaßnahmen nach Art. 32 DSGVO[35].

Regionale Präferenzen: Einige Unternehmen bevorzugen Rechenzentren in bestimmten Bundesländern aufgrund spezifischer regionaler Datenschutzbestimmungen oder aufgrund der Zuständigkeit bestimmter Aufsichtsbehörden.

Vertragliche Absicherung und Best Practices

Eine umfassende vertragliche Absicherung ist für jeden E-Mail-Server-Betreiber unerlässlich:

Standardverträge: Viele Anbieter verwenden inzwischen standardisierte AVV-Vorlagen, die den Anforderungen der DSGVO entsprechen. Diese sollten jedoch immer auf die spezifischen Anforderungen angepasst werden.

Versicherungsschutz: Eine Cyber-Versicherung oder spezielle DSGVO-Haftpflichtversicherung kann das finanzielle Risiko bei Datenschutzverstößen erheblich reduzieren.

Regelmäßige Vertragsüberprüfung: Datenschutzrechtliche Verträge sollten regelmäßig (mindestens jährlich) auf ihre Aktualität und Vollständigkeit überprüft werden.

Dokumentation: Alle datenschutzrechtlichen Maßnahmen und Entscheidungen sollten sorgfältig dokumentiert werden, um im Falle einer behördlichen Kontrolle die Compliance nachweisen zu können.

Praktische Umsetzung und Compliance-Management

Implementierung eines Datenschutz-Management-Systems

Für den rechtkonformen Betrieb eines selbstgehosteten E-Mail-Servers ist ein systematisches Compliance-Management erforderlich:

Verarbeitungsverzeichnis: Nach Artikel 30 DSGVO müssen alle Verarbeitungstätigkeiten dokumentiert werden. Dies umfasst bei E-Mail-Servern insbesondere:

- Nutzerregistrierung und -verwaltung
- E-Mail-Versand und -Empfang
- Archivierung geschäftlicher E-Mails
- Backup und Disaster Recovery
- Wartung und Administration

Datenschutz-Folgenabschätzung: Bei hohem Risiko für die Rechte und Freiheiten natürlicher Personen ist eine Datenschutz-Folgenabschätzung nach Artikel 35 DSGVO erforderlich[36].

Datenschutzbeauftragter: Je nach Unternehmensgröße und Art der Datenverarbeitung kann die Bestellung eines Datenschutzbeauftragten erforderlich oder empfehlenswert sein.

Monitoring und Incident Response

Kontinuierliche Überwachung: Implementierung von Monitoring-Systemen zur frühzeitigen Erkennung von Sicherheitsvorfällen oder Datenschutzverstößen.

Incident Response Plan: Entwicklung und regelmäßige Aktualisierung eines Plans für den Umgang mit Datenschutzverletzungen, einschließlich:

- Sofortige Schadensbegrenzung
- Bewertung des Vorfalls
- Meldung an die Aufsichtsbehörde (binnen 72 Stunden)
- Information betroffener Personen (falls erforderlich)
- Dokumentation und Nachverfolgung

Regelmäßige Compliance-Audits

Interne Audits: Regelmäßige Überprüfung der Datenschutz-Compliance durch interne oder externe Auditoren.

Penetrationstests: Technische Sicherheitstests zur Identifikation von Schwachstellen in der E-Mail-Server-Infrastruktur.

Rechtliche Updates: Kontinuierliche Verfolgung der Rechtsentwicklung und Anpassung der Compliance-Maßnahmen.

Fazit

Die rechtlichen Aspekte des Betriebs selbstgehosteter E-Mail-Server in Deutschland sind komplex, aber durchaus beherrschbar. Die drei Säulen

DSGVO-Compliance, GoBD-konforme Archivierung und angemessene Haftungsabsicherung bilden das Fundament für einen rechtssicheren Betrieb.

Der Schlüssel zum Erfolg liegt in der systematischen Herangehensweise: Von der initialen Planung über die technische Implementierung bis hin zum laufenden Betrieb müssen rechtliche Anforderungen konsequent berücksichtigt werden. Dies mag zunächst aufwendig erscheinen, bietet aber erhebliche Vorteile in Form von Rechtssicherheit, Kostenkontrolle und Wettbewerbsvorteilen.

Die aktuellen Entwicklungen in der Rechtsprechung und der Vollzugspraxis der Datenschutzbehörden zeigen, dass Compliance kein optionaler Zusatz, sondern eine geschäftskritische Notwendigkeit ist. Unternehmen, die frühzeitig in rechtskonforme E-Mail-Infrastrukturen investieren, sind langfristig besser positioniert und können die Vorteile selbstgehosteter E-Mail-Server ohne rechtliche Risiken nutzen.

Fußnoten

[1] Datenschutzexperte.de, "Datenschutz bei E-Mail-Anbietern," datenschutzexperte.de, letzter Zugriff 7. Dezember 2022, https://www.datenschutzexperte.de/blog/wie-steht-es-mit-dem-datenschutz-bei-e-mail-anbietern.

[2] Datenschutz.org, "Datenschutz bei E-Mail-Verkehr," datenschutz.org, letzter Zugriff 16. Juli 2025, https://www.datenschutz.org/e-mail/.

[3] MailStore, "E-Mail-Archivierung und die DSGVO," MailStore, letzter Zugriff 15. Juli 2020, https://www.mailstore.com/en/email-archiving-and-gdpr/.

[4] Dr. DSGVO, "Email-Verschlüsselung: Transportverschlüsselung, Inhaltsverschlüsselung und die DSGVO," Dr. DSGVO, letzter Zugriff 5. Dezember 2024, https://dr-dsgvo.de/email-verschluesselung/.

[5] Ebd.

[6] Dr. Datenschutz, "Wo sollte mein Cloud-Server stehen – und was sagt die DSGVO?" Dr. Datenschutz, https://www.dr-datenschutz.de/wo-sollte-mein-cloud-server-stehen-und-was-sagt-die-dsgvo/.

[7] IONOS, "Die 7 besten sicheren E-Mail-Anbieter 2025 im Überblick," IONOS, letzter Zugriff 10. Juni 2025, https://www.ionos.de/digitalguide/e-mail/e-mail-sicherheit/sichere-e-mail-anbieter/.

[8] Datenschutzkanzlei, "Übersicht DSGVO-Bußgelder (Deutschland und Europa)," Datenschutzkanzlei, letzter Zugriff vor 2 Wochen, https://www.datenschutzkanzlei.de/bussgeld-radar/.

[9] MailStore, "MailStore Server: DSGVO zertifiziert," MailStore, letzter Zugriff 29. März 2023, https://www.mailstore.com/en/blog/2019/02/13/mailstore-server-gdpr-certified/.

[10] IONOS, "Die 7 besten sicheren E-Mail-Anbieter 2025 im Überblick."

[11] Ebd.

[12] Lexware, "E-Mail-Archivierung: Die rechtlichen Grundlagen," Lexware, letzter Zugriff 30. Juni 2025, https://www.lexware.de/wissen/buchhaltung-finanzen/e-mail-archivierung/.

[13] SevDesk, "Rechtssichere E-Mail Archivierung: GoBD Software & Mehr," SevDesk, letzter Zugriff 24. Juli 2025, https://sevdesk.de/blog/rechtssichere-e-mail-archivierung/.

[14] Ebd.

[15] eRecht24, "E-Mail-Aufbewahrungspflichten laut DSGVO," eRecht24, letzter Zugriff 25. Januar 2024, https://www.e-recht24.de/datenschutz/7197-e-mail-aufbewahrungspflicht-dsgvo.html.

[16] Hamburger Software, "E-Mail-Archivierung – 6 verbreitete Irrtümer," Hamburger Software, letzter Zugriff 23. September 2024, https://www.hamburger-software.de/blog/6-irrtuemer-zur-e-mail-archivierung/.

[17] D-Velop, "E-Mail-Archiv: So funktioniert's revisionssicher und automatisiert," D-Velop, letzter Zugriff 8. Oktober 2024, https://www.d-velop.de/blog/compliance/e-mail-archiv/.

[18] Lexware, "Archivierung ▶ revisionssicher und GoBD-konform," Lexware, letzter Zugriff 4. Oktober 2016, https://www.lexware.de/wissen/buchhaltung-finanzen/archivierung/.

[19] SevDesk, "Rechtssichere E-Mail Archivierung: GoBD Software & Mehr."

[20] Hamburger Software, "E-Mail-Archivierung – 6 verbreitete Irrtümer."

[21] 360grad IT Service, "Managed E-Mail Archivierung | Sicher mit MailStore Server," 360grad IT Service, letzter Zugriff 14. März 2024, https://360grad-it-service.de/managed-e-mail-archivierung-mit-mailstore-server/.

[22] D-Velop, "E-Mail-Archiv: So funktioniert's revisionssicher und automatisiert."

[23] HostTest, "E-Mail Hosting mit eigener Domain und Archivierung nach GoBD," HostTest, https://www.hosttest.de/vergleich/mail-hosting-archivierung.html.

[24] Hamburger Software, "E-Mail-Archivierung – 6 verbreitete Irrtümer," Hamburger Software, 23. September 2024, https://www.hamburger-software.de/blog/6-irrtuemer-zur-e-mail-archivierung/.

[25] MailStore, "E-Mail-Archivierung und die DSGVO."

[26] Externer Datenschutzbeauftragter Dresden, "E-Mail-Archivierung DSGVO: Pflicht oder Kür?" Externer Datenschutzbeauftragter Dresden, letzter Zugriff 10. Februar 2024, https://externer-datenschutzbeauftragter-dresden.de/en/data-protection/e-mail-archiving-dsgvo-obligation-or-shortage/.

[27] eRecht24, "Was ist die DSGVO Auftragsverarbeitung und was geht mich das an?" eRecht24, letzter Zugriff 8. September 2023, https://www.e-recht24.de/artikel/datenschutz/10580-auftragsdatenverarbeitung-adv-datenschutz.html.

[28] Bernhard Krämer, "E-Mail-Anbieter sind keine Auftragsverarbeiter im Sinne der DSGVO," Bernhard Krämer, letzter Zugriff 29. Mai 2018, https://www.bernhard-kraemer.com/2018/05/29/e-mail-anbieter-sind-keine-auftragsverarbeiter/.

[29] Firma.de, "Auftragsverarbeitungsvertrag (DSGVO): FAQs zum AV-Vertrag," Firma.de, letzter Zugriff 28. Januar 2025, https://www.firma.de/unternehmensfuehrung/auftragsverarbeitungsvertrag-faqs-zum-av-vertrag-nach-dsgvo/.

[30] WBS Law, "Auftragsverarbeitung - Was ist das genau?" WBS Law, letzter Zugriff 5. Februar 2024, https://www.wbs.legal/it-und-internet-recht/datenschutzrecht/auftragsverarbeitung/.

[31] DSGVO-Gesetz.de, "Auftragsverarbeitung - Datenschutz-Grundverordnung (DSGVO)," DSGVO-Gesetz.de, letzter Zugriff 25. Juli 2024, https://dsgvo-gesetz.de/themen/auftragsverarbeitung/.

[32] Datenschutz.org, "DSGVO-Bußgeld I Bußgeldkatalog zum Datenschutz 2025," Datenschutz.org, letzter Zugriff 3. Juli 2025, https://www.datenschutz.org/dsgvo-bussgeld/.

[33] Dr. Datenschutz, "Top 5 DSGVO-Bußgelder im Dezember 2024," Dr. Datenschutz, https://www.dr-datenschutz.de/top-5-dsgvo-bussgelder-im-dezember-2024/.

[34] Dr. Datenschutz, "Wo sollte mein Cloud-Server stehen – und was sagt die DSGVO?"

[35] IONOS, "Die 7 besten sicheren E-Mail-Anbieter 2025 im Überblick."

[36] Landesbeauftragte für den Datenschutz Niedersachsen, "FAQ | Auftragsverarbeitung nach Artikel 28 DSGVO," LfD Niedersachsen, https://www.lfd.niedersachsen.de/startseite/infothek/faqs_zur_ds_gvo/faq-auftragsverarbeitung-189637.html.

Kapitel IV. Vorbereitungen für die Einrichtung

Die sorgfältige Vorbereitung ist der Grundstein für den erfolgreichen Betrieb eines selbstgehosteten E-Mail-Servers. Dieses Kapitel führt Sie durch die essentiellen Schritte: die korrekte Konfiguration Ihrer Domain und DNS-Einstellungen, die Auswahl geeigneter Hardware und Software sowie die strategische Planung von Speicher- und Systemressourcen. Jeder Schritt wird detailliert erklärt, um auch Einsteigern eine erfolgreiche Umsetzung zu ermöglichen.

4.1 Domäne und DNS-Konfiguration

4.1.1 Domain-Registrierung und Grundlagen

Bevor Sie mit der technischen Einrichtung beginnen, benötigen Sie eine eigene Domain, die als Basis für Ihre E-Mail-Adressen dient. Die Wahl des Domain-Anbieters ist entscheidend, da dieser sowohl die DNS-Verwaltung als auch die DSGVO-Konformität Ihrer Installation beeinflusst.

Für deutsche Unternehmen empfehlen sich etablierte Anbieter wie IONOS (ehemals 1&1), die nicht nur kostengünstige Domains anbieten, sondern auch umfassende DNS-Verwaltungstools bereitstellen[1]. Bei der Domain-Auswahl sollten Sie bedenken, dass .de-Domains für deutsche Unternehmen nicht nur vertrauenswürdiger wirken, sondern auch datenschutzrechtliche Vorteile bieten, da sie deutschen Gesetzen unterliegen.

Die DNS-Propagation, also die weltweite Verteilung Ihrer DNS-Änderungen, kann bis zu 24-48 Stunden dauern[2]. Planen Sie daher genügend Zeit für die Einrichtung ein und führen Sie Änderungen nicht unmittelbar vor wichtigen Geschäftsterminen durch.

4.1.2 MX-Records (Mail Exchange Records)

MX-Records sind die fundamentalen DNS-Einträge, die bestimmen, welcher Server für den Empfang von E-Mails Ihrer Domain zuständig ist[3]. Diese

Einstellungen müssen präzise konfiguriert werden, da Fehler dazu führen können, dass E-Mails nicht zugestellt werden.

Konfigurationsschritte für MX-Records:

1. **Bestimmung des Mail-Servers:** Ihr E-Mail-Server benötigt einen eindeutigen Hostnamen, typischerweise mail.ihredomain.de
2. **Prioritätswerte festlegen:** MX-Records verwenden Prioritätswerte (10, 20, 30 etc.), wobei niedrigere Werte höhere Priorität bedeuten
3. **DNS-Eintrag erstellen:**
4. ihredomain.de. IN MX 10 mail.ihredomain.de.

Die Überprüfung erfolgt mit Tools wie MXToolBox[4], das nicht nur die korrekte Konfiguration prüft, sondern auch Latenzzeiten misst und mögliche Blacklist-Einträge identifiziert.

4.1.3 SPF-Records (Sender Policy Framework)

SPF-Records definieren, welche Mail-Server berechtigt sind, E-Mails im Namen Ihrer Domain zu versenden[5]. Diese Authentifizierungsmethode ist essentiell, um E-Mail-Spoofing zu verhindern und die Zustellbarkeit Ihrer E-Mails zu verbessern.

SPF-Record-Syntax und Beispiele:

Ein typischer SPF-Record für einen selbstgehosteten Server sieht folgendermaßen aus:

v=spf1 ip4:192.168.1.100 mx ~all

Erklärung der Komponenten:

- v=spf1: SPF-Version 1
- ip4:192.168.1.100: Autorisierte IPv4-Adresse
- mx: MX-Server der Domain sind autorisiert
- ~all: Soft-Fail für alle anderen Quellen

Für komplexere Setups mit mehreren Servern oder externen Diensten erweitert sich der Record entsprechend:

v=spf1 mx ip4:203.0.113.5 include:_spf.google.com ~all

Wichtige Überlegungen:

- SPF-Records haben ein Limit von 10 DNS-Lookups[6]
- Verwenden Sie ~all (Soft-Fail) statt -all (Hard-Fail) in der Testphase
- Testen Sie Änderungen mit Online-Tools wie dem SPF-Checker von MXToolBox[7]

4.1.4 DKIM-Records (DomainKeys Identified Mail)

DKIM fügt E-Mails digitale Signaturen hinzu, die empfangende Server zur Authentifizierung nutzen können[8]. Diese Technologie gewährleistet sowohl die Integrität der Nachricht als auch die Bestätigung des autorisierten Absenders.

DKIM-Implementierung:

1. **Schlüsselpaar generieren:** Ihr Mail-Server erstellt ein RSA-Schlüsselpaar (typischerweise 2048-bit)
2. **Public Key im DNS publizieren:** Der öffentliche Schlüssel wird als TXT-Record veröffentlicht:
3. default._domainkey.ihredomain.de. IN TXT "v=DKIM1; k=rsa; p=MIGfMA0GCSqGSIb3DQEBAQUAA..."
4. **Mail-Server konfigurieren:** Der private Schlüssel wird sicher auf dem Server gespeichert

DKIM-Selektor-Management: DKIM-Selektoren (wie "default" im obigen Beispiel) ermöglichen die Rotation von Schlüsseln ohne Ausfallzeiten[9]. Best Practice ist die Rotation alle 6-12 Monate:

- january2025._domainkey.ihredomain.de
- july2025._domainkey.ihredomain.de

4.1.5 DMARC-Records (Domain-based Message Authentication, Reporting and Conformance)

DMARC kombiniert SPF und DKIM zu einer umfassenden Authentifizierungsstrategie[10]. Es definiert, wie empfangende Server mit E-Mails umgehen sollen, die die Authentifizierungsprüfungen nicht bestehen, und bietet wertvolle Berichterstellung.

DMARC-Policy-Entwicklung:

Phase 1 - Monitoring (p=none):

_dmarc.ihredomain.de. IN TXT "v=DMARC1; p=none; rua=mailto:dmarc@ihredomain.de; ruf=mailto:forensic@ihredomain.de; fo=1"

Phase 2 - Quarantäne (p=quarantine):

_dmarc.ihredomain.de. IN TXT "v=DMARC1; p=quarantine; rua=mailto:dmarc@ihredomain.de; pct=25"

Phase 3 - Vollständige Durchsetzung (p=reject):

_dmarc.ihredomain.de. IN TXT "v=DMARC1; p=reject; rua=mailto:dmarc@ihredomain.de; adkim=s; aspf=s"

DMARC-Parameter-Erklärung:

- p=policy: Aktion bei Authentifizierungsfehlern (none/quarantine/reject)
- rua=: E-Mail-Adresse für Aggregat-Berichte
- ruf=: E-Mail-Adresse für Forensik-Berichte
- pct=: Prozentsatz der zu behandelnden E-Mails
- adkim=/aspf=: Alignment-Modus für DKIM/SPF (s=strict, r=relaxed)

4.1.6 DNS-Propagation und Validierung

Nach der Konfiguration aller DNS-Records ist deren Validierung entscheidend. Die DNS-Propagation erfolgt nicht instantan und kann regional unterschiedlich verlaufen[11].

Validierungs-Tools und -prozesse:

1. **MXToolBox Email Health Check[12]:** Umfassende Überprüfung aller E-Mail-relevanten DNS-Einträge
2. **EasyDMARC Domain Scanner[13]:** Detaillierte Analyse von SPF, DKIM, DMARC und BIMI
3. **Google Admin Toolbox CheckMX[14]:** Googles offizielles Tool zur MX-Record-Validierung

Propagations-Überwachung:

Lokale DNS-Abfrage

dig MX ihredomain.de

Globale Propagation prüfen

nslookup -type=MX ihredomain.de 8.8.8.8

nslookup -type=MX ihredomain.de 1.1.1.1

Häufige DNS-Konfigurationsfehler:

- Fehlende oder falsche Prioritätswerte bei MX-Records
- SPF-Records mit zu vielen DNS-Lookups (>10 Limit)
- DKIM-Public-Keys mit Syntaxfehlern
- DMARC-Policies ohne vorherige Monitoring-Phase

4.2 Auswahl von Hardware und Software

4.2.1 VPS vs. Dedicated Server - Entscheidungskriterien

Die Wahl zwischen Virtual Private Server (VPS) und dediziertem Server beeinflusst maßgeblich Leistung, Kosten und Verwaltungsaufwand Ihrer E-

Mail-Infrastruktur[15]. Für die meisten Szenarien bieten VPS-Lösungen das optimale Preis-Leistungs-Verhältnis.

VPS-Vorteile für E-Mail-Server:

- **Kosteneffizienz:** Ab 5-15 EUR/Monat für solide Konfigurationen[16]
- **Skalierbarkeit:** Ressourcen können bei Bedarf erweitert werden
- **Dedizierte IP:** Essentiell für E-Mail-Server-Reputation
- **Root-Zugriff:** Vollständige Kontrolle über das System

Empfohlene VPS-Anbieter in Deutschland:

Anbieter	Basis-Konfiguration	Preis/ Monat	Besonderheiten
IONOS[17]	1 vCPU, 1GB RAM, 10GB NVMe	5 EUR	Deutsche Rechenzentren, DSGVO-konform
netcup[18]	2 vCPU, 2GB RAM, 40GB SSD	6,49 EUR	Nürnberger Rechenzentrum, 99,9% Verfügbarkeit
Contabo[19]	4 vCPU, 8GB RAM, 50GB NVMe	8,99 EUR	Preis-Leistungs-Sieger, München/Nürnberg
Hetzner[20]	1 vCPU, 2GB RAM, 20GB SSD	4,15 EUR	Deutsches Unternehmen, hohe Performance

Dedizierte IP-Adresse: Eine dedizierte IPv4-Adresse ist für E-Mail-Server unerlässlich, da geteilte IPs oft auf Spam-Listen stehen[21]. Die meisten deutschen VPS-Anbieter inkludieren eine dedizierte IPv4 und ein /64 IPv6-Netz ohne Aufpreis.

4.2.2 Hardware-Dimensionierung

Die richtige Dimensionierung Ihres E-Mail-Servers hängt von der Anzahl der Benutzer, dem E-Mail-Volumen und den geplanten Zusatzfunktionen ab.

Minimum-Anforderungen:

- **CPU:** 1 vCPU (für bis zu 50 Benutzer)
- **RAM:** 2GB (Base-System + E-Mail-Services)

- **Speicher:** 20GB SSD (System + initial E-Mail-Storage)
- **Netzwerk:** 100 Mbit/s (ausreichend für die meisten Szenarien)

Empfohlene Konfiguration:

- **CPU:** 2 vCPU (bessere Performance bei Spam-Filtering)
- **RAM:** 4GB (Caching und mehrere Services)
- **Speicher:** 50-100GB NVMe SSD (schnellere I/O-Operationen)
- **Netzwerk:** 1 Gbit/s (für Backup und große Anhänge)

Skalierungs-Szenarien:

Benutzeranzahl	vCPU	RAM	Speicher	Besonderheiten
1-25	1	2GB	40GB	Basis-Setup
25-100	2	4GB	100GB	Anti-Spam-Filter
100-250	4	8GB	200GB	Clustering möglich
250+	8+	16GB+	500GB+	Dedicated Server empfohlen

4.2.3 Betriebssystem-Auswahl

Ubuntu LTS (Long Term Support) und Debian Stable haben sich als Standardwahl für Mail-Server etabliert[22]. Beide bieten Stabilität, Sicherheitsupdates und umfangreiche Dokumentation.

Ubuntu Server LTS - Empfohlene Distribution:

Vorteile:

- 5 Jahre Security-Updates
- Umfangreiche Community und Dokumentation
- Automatische Updates mit unattended-upgrades
- Optimale Hardware-Unterstützung

Installation und Basis-Konfiguration:

```
# System-Update

sudo apt update && sudo apt upgrade -y
```

```
# Basis-Pakete installieren

sudo apt install -y curl wget gnupg2 software-properties-common

# Firewall konfigurieren

sudo ufw allow 22/tcp

sudo ufw allow 25/tcp

sudo ufw allow 465/tcp

sudo ufw allow 587/tcp

sudo ufw allow 993/tcp

sudo ufw—force enable
```

Debian vs. Ubuntu Vergleich:

Kriterium	Ubuntu LTS	Debian Stable
Stabilität	Sehr gut	Exzellent
Updates	5 Jahre	~3 Jahre
Community	Sehr groß	Groß
Dokumentation	Umfangreich	Gut
Hardware-Support	Ausgezeichnet	Gut

4.2.4 Software-Stack-Entscheidung

Die Wahl der E-Mail-Software bestimmt Komplexität, Funktionsumfang und Wartungsaufwand Ihrer Installation.

Postfix + Dovecot - Der Klassiker:

- **Postfix[23]:** SMTP-Server (Mail Transfer Agent)
- **Dovecot[24]:** IMAP/POP3-Server (Mail Delivery Agent)
- **Rspamd/SpamAssassin:** Anti-Spam-Filtering
- **ClamAV:** Virus-Scanner

Mailcow - Die All-in-One-Lösung: Mailcow bietet eine Docker-basierte Komplettlösung mit Web-Interface[25]:

- Automatische SSL-Zertifikate (Let's Encrypt)
- Web-Administration-Interface
- Integrierte Backup-Lösungen
- SOGo Groupware (Kalender, Kontakte)

Installations-Vergleich:

Software	**Installationszeit**	**Komplexität**	**Wartung**	**Funktionsumfang**
Postfix/Dovecot	2-4 Stunden	Hoch	Hoch	Flexibel
Mailcow	30-60 Minuten	Mittel	Niedrig	Umfangreich
iRedMail	15-30 Minuten	Niedrig	Mittel	Standard
Mail-in-a-Box	20-40 Minuten	Niedrig	Niedrig	Basis

4.3 Planung von Speicher und Ressourcen

4.3.1 E-Mail-Speicherbedarfsberechnung

Die präzise Berechnung des Speicherbedarfs ist entscheidend für die langfristige Planung und Kostenkontrolle Ihres E-Mail-Servers[26].

Durchschnittliche Speicherwerte pro Benutzer: Basierend auf aktuellen Studien und Praxiserfahrungen[27]:

- **Basis-E-Mail-Volumen:** 0,6-1,0 GB pro Benutzer pro Jahr
- **Mit Anhängen:** 1,5-2,5 GB pro Benutzer pro Jahr
- **Power-User (Management):** 3,0-5,0 GB pro Benutzer pro Jahr

Berechnung des Speicherbedarfs:

Basierend auf den Erfahrungswerten von 0,6-1 GB pro Postfach pro Jahr[26] können Sie Ihren Speicherbedarf wie folgt kalkulieren:

Beispiel-Berechnung:

Anzahl Postfächer × Speicherbedarf pro Jahr × Planungszeitraum

+ Sicherheitspuffer für Systemdateien und Backups

Für 50 Postfächer über 5 Jahre:

50 × 1 GB × 5 Jahre = 250 GB

+ 30% Sicherheitspuffer = 325 GB empfohlen

Spam- und temporäre Daten: Spam-E-Mails und temporäre Dateien verursachen zusätzlichen Speicherbedarf[28]:

- **Spam-Volumen:** ~5 KB pro Spam-E-Mail
- **10 Spam-E-Mails/Tag/Benutzer:** ~18 MB/Jahr/Benutzer
- **Quarantäne-Speicher:** 30-90 Tage Aufbewahrung

4.3.2 Archivierungs- und Backup-Strategien

GoBD-konforme Archivierung: Geschäftliche E-Mails unterliegen in Deutschland strengen Archivierungspflichten[29]:

- **Aufbewahrungsfristen:** 6-10 Jahre je nach Dokumenttyp
- **Manipulationsschutz:** Revisionssichere Speicherung erforderlich
- **Vollständigkeit:** Alle geschäftsrelevanten E-Mails

Archivierungs-Lösungen:

1. **MailStore Server[30]:** Professional E-Mail-Archivierung
    - Komprimierung: 30-70% Speichereinsparung
    - Rechtssichere Archivierung nach GoBD
    - Integration mit Exchange, Postfix, Dovecot
    - Kosten: ~15-30 EUR/Benutzer
2. **Mailpiler[31]:** Open-Source-Archivierung
    - Kostenlose Alternative
    - MySQL/PostgreSQL-Backend
    - Webbasierte Suche
    - Selbst-gehostet

Backup-Strategien:

```
# Tägliches Backup-Script Beispiel

#!/bin/bash

BACKUP_DIR="/backup/mailserver"

DATE=$(date +%Y%m%d)

# Mail-Verzeichnisse sichern

tar -czf $BACKUP_DIR/mailboxes_$DATE.tar.gz /var/vmail/

# Konfiguration sichern

tar -czf $BACKUP_DIR/config_$DATE.tar.gz /etc/postfix/ /etc/dovecot/

# Datenbank-Backup

mysqldump mailserver > $BACKUP_DIR/database_$DATE.sql

# Alte Backups löschen (>30 Tage)

find $BACKUP_DIR -name "*.tar.gz" -mtime +30 -delete
```

4.3.3 Performance- und Wachstums-Planung

Monitoring-Metriken: Überwachen Sie folgende Parameter für optimale Performance[32]:

- **Disk I/O:** IOPS und Latenz
- **Memory Usage:** RAM-Auslastung der Mail-Services
- **Network:** Bandbreiten-Nutzung und Latenz
- **CPU Load:** Durchschnittliche und Peak-Auslastung

Automatisierte Überwachung:

```
# System-Monitoring mit netdata

bash <(curl -Ss https://my-netdata.io/kickstart.sh)
```

```
# E-Mail-spezifische Überwachung

sudo apt install -y mailgraph pflogsumm
```

Skalierungs-Szenarien:

1. **Vertikale Skalierung:** Mehr CPU, RAM, Storage
2. **Horizontale Skalierung:** Mail-Relay, Load-Balancing
3. **Hybrid-Ansatz:** Cloud-Burst für Peak-Zeiten

4.3.4 Sicherheitskonfiguration der Infrastruktur

Netzwerk-Sicherheit:

```
# Fail2Ban Installation und Konfiguration

sudo apt install -y fail2ban

# Mail-spezifische Jail-Konfiguration

sudo tee /etc/fail2ban/jail.local <<EOF

[DEFAULT]

bantime = 3600

findtime = 600

maxretry = 5

[postfix-sasl]

enabled = true

filter = postfix-sasl

port = submission,465,587

logpath = /var/log/mail.log

[dovecot]
```

enabled = true

filter = dovecot

port = pop3,pop3s,imap,imaps,submission,465,sieve

logpath = /var/log/mail.log

EOF

SSL/TLS-Zertifikate Vorbereitung:

Let's Encrypt Certbot installieren

sudo apt install -y certbot

Zertifikat für Mail-Server anfordern

sudo certbot certonly—standalone \

-d mail.ihredomain.de \

-d ihredomain.de

Firewall-Konfiguration für E-Mail-Server:

UFW Basis-Konfiguration

sudo ufw default deny incoming

sudo ufw default allow outgoing

E-Mail-Ports freigeben

sudo ufw allow 25/tcp # SMTP

sudo ufw allow 465/tcp # SMTPS

sudo ufw allow 587/tcp # Submission

sudo ufw allow 993/tcp # IMAPS

sudo ufw allow 995/tcp # POP3S

Optional: Webmail/Admin-Interface

sudo ufw allow 80/tcp

sudo ufw allow 443/tcp

4.4 Checkliste für die Vorbereitung

4.4.1 DNS-Konfiguration Checkliste

- [ ] Domain registriert und DNS-Kontrolle verfügbar
- [ ] MX-Record konfiguriert und getestet
- [ ] SPF-Record erstellt und validiert
- [ ] DKIM-Schlüssel generiert und DNS-Record publiziert
- [ ] DMARC-Policy implementiert (beginnen Sie mit p=none)
- [ ] DNS-Propagation abgewartet (24-48 Stunden)
- [ ] Alle Records mit MXToolBox validiert

4.4.2 Infrastructure-Bereitstellung Checkliste

- [ ] VPS-Anbieter ausgewählt und Server bestellt
- [ ] Dedizierte IPv4-Adresse bestätigt
- [ ] Betriebssystem installiert und aktualisiert
- [ ] SSH-Zugang konfiguriert und Sicherheitsmaßnahmen implementiert
- [ ] Firewall-Regeln eingerichtet
- [ ] Zeitzone und NTP-Synchronisation konfiguriert
- [ ] Monitoring-Tools installiert

4.4.3 Sicherheits-Vorbereitung Checkliste

- [ ] SSL/TLS-Zertifikate über Let's Encrypt bezogen
- [ ] Fail2Ban installiert und für Mail-Services konfiguriert
- [ ] Automatische Updates aktiviert
- [ ] Backup-Strategie definiert und getestet
- [ ] Incident-Response-Plan erstellt

Troubleshooting-Ressourcen: Sammeln Sie diese wichtigen Links für die Problemlösung:

- MXToolBox Email Health Check: https://mxtoolbox.com/emailhealth/
- SPF Record Tester: https://mxtoolbox.com/spf.aspx
- DKIM Validator: https://mxtoolbox.com/dkim.aspx
- DMARC Checker: https://mxtoolbox.com/dmarc.aspx

Mit dieser gründlichen Vorbereitung haben Sie das Fundament für einen erfolgreichen E-Mail-Server gelegt. Im nächsten Kapitel beginnen wir mit der eigentlichen Installation und Konfiguration der Mail-Services.

---

[1] IONOS: Mail-Server einrichten | Voraussetzungen und Anleitung. 17.06.2025. https://www.ionos.de/digitalguide/e-mail/e-mail-technik/e-mail-server-einrichten/

[2] Cloudflare: What are DMARC, DKIM, and SPF? https://www.cloudflare.com/learning/email-security/dmarc-dkim-spf/

[3] IONOS VPS 2025: Voll verwaltete VPS-Server, Performance & Kosten. 15.06.2025. https://www.l-iz.de/vpn/erfahrungen/ionos-vps/

[4] MxToolbox: MX Lookup Tool - Check your DNS MX Records online. https://mxtoolbox.com/

[5] Microsoft Learn: Einrichten von SPF zur Identifizierung gültiger E-Mail-Quellen. https://learn.microsoft.com/de-de/defender-office-365/email-authentication-spf-configure

[6] Google Workspace Admin-Hilfe: SPF einrichten. https://support.google.com/a/answer/33786?hl=de

[7] MxToolbox: SPF Check & SPF Lookup - Sender Policy Framework. https://mxtoolbox.com/spf.aspx

[8] Microsoft Learn: Verwenden von DKIM für E-Mail in Ihrer benutzerdefinierten Domäne. https://learn.microsoft.com/de-de/defender-office-365/email-authentication-dkim-configure

[9] EasyDMARC: Free DKIM Lookup Tool. https://easydmarc.com/tools/dkim-lookup

[10] MxToolbox: DMARC Check Tool - Domain Message Authentication Reporting & Conformance Lookup. https://mxtoolbox.com/dmarc.aspx

[11] Host Europe: Was sind SPF, DKIM und DMARC? https://www.hosteurope.de/faq/domains/verwaltung/spf

[12] MxToolbox: How To Use MxToolbox To Instantly Fix DNS & Email Issues 2025. 02.08.2025. https://www.spotsaas.com/blog/mxtoolbox/

[13] EasyDMARC: Free DKIM Lookup Tool. https://easydmarc.com/tools/dkim-lookup

[14] Google Admin Toolbox: Check MX: Check MX and SPF Records. https://toolbox.googleapps.com/apps/checkmx/

[15] Bluehost: VPS vs Dedicated Server Hosting: Features, Pros, Cons & Cost Compared (2025). https://www.bluehost.com/blog/vps-vs-dedicated-server/

[16] hosttest: Günstigste VPS Angebote im Vergleich 2025. https://www.hosttest.de/vergleich/vps.html

[17] IONOS VPS 2025: Voll verwaltete VPS-Server, Performance & Kosten. 15.06.2025. https://www.l-iz.de/vpn/erfahrungen/ionos-vps/

[18] netcup: VPS Hosting mit Top-Leistung & besten Konditionen. https://www.netcup.com/de/server/vps

[19] EXPERTE.de: VPS Server: Die 5 besten Anbieter. 12.07.2022. https://www.experte.de/server/vps

[20] vServer Vergleich 09/2025. https://www.vserververgleich.com/

[21] Hardwareluxx: Static IP von VPS-Anbieter für Mailserver zuhause nutzen. 20.02.2022. https://www.hardwareluxx.de/community/threads/static-ip-von-vps-anbieter-f%C3%BCr-mailserver-zuhause-nutzen.1313927/

[22] Thomas Leister: Mailserver mit Dovecot, Postfix, MySQL und Rspamd unter Debian 11 Bullseye / Ubuntu 22.04 LTS [v1.2]. https://thomas-leister.de/mailserver-debian-bullseye/

[23] Ubuntu Server Documentation: Install and configure Postfix. https://ubuntu.com/server/docs/mail-postfix

[24] Ubuntu Server Documentation: Install and configure Dovecot. https://ubuntu.com/server/docs/install-and-configure-dovecot

[25] Bennet Richter: How to Install and Configure Mailcow (Mail Server). https://www.bennetrichter.de/en/tutorials/mailcow-dockerized/

[26] XnetSolutions: E-Mail-Archivierung. https://www.xnetsolutions.de/product/e-mail-archivierung/

[27] XnetSolutions: E-Mail-Archivierung - Speicherbedarfsberechnung. https://www.xnetsolutions.de/product/e-mail-archivierung/

[28] KMU-Tools: Mailarchiv: rechtssichere E-Mail Archivierung leicht gemacht! https://kmu-tools.de/it-recht/e-mail-archiv-gobd/

[29] SUNDS Computer: Rechtssichere E-Mail- Archivierung nach GoBD mit Mailstore. 15.06.2021. https://www.sunds-computer.de/mailstore-server-e-mail-archivierung/

[30] MailStore Server: E-Mail-Archivierung für Unternehmen. 15.01.2025. https://www.mailstore.com/en/products/mailstore-server/

[31] KMU-Tools: Mailpiler - Open-Source E-Mail-Archivierung. https://kmu-tools.de/it-recht/e-mail-archiv-gobd/

[32] Hostinger: VPS-Hosting-Vergleich: 11 Anbieter für 2025 und wie man den Richtigen auswählt. 01.07.2025. https://www.hostinger.com/de/tutorials/vps-hosting-vergleich

Kapitel V: Installation und Einrichtung

Nachdem die rechtlichen Grundlagen geklärt und die technischen Vorbereitungen abgeschlossen sind, beginnt nun die praktische Umsetzung des selbstgehosteten E-Mail-Servers. Dieses Kapitel führt Sie schrittweise durch die Installation und Konfiguration der verschiedenen Software-Komponenten, die für einen funktionsfähigen und sicheren E-Mail-Server erforderlich sind. Die beschriebenen Verfahren basieren auf bewährten Praktiken und aktuellen Anleitungen führender Anbieter und Dokumentationen.[1]

Betriebssystem und Basis-Setup

Auswahl und Installation des Betriebssystems

Für selbstgehostete E-Mail-Server hat sich Ubuntu Server als bevorzugte Linux-Distribution etabliert, da es eine ausgezeichnete Unterstützung für E-Mail-Software bietet und regelmäßige Sicherheitsupdates gewährleistet.[2] Die aktuell empfohlenen Versionen sind Ubuntu Server 22.04 LTS (Long Term Support) und Ubuntu Server 24.04 LTS, die jeweils fünf Jahre lang unterstützt werden.

Hardware-Mindestanforderungen für E-Mail-Server:

Komponente	Minimum	Empfohlen	Enterprise
CPU	2 Kerne	4 Kerne	8+ Kerne
RAM	2 GB	4-8 GB	16+ GB
Speicher	20 GB SSD	100 GB SSD	500+ GB SSD
Netzwerk	100 Mbit/s	1 Gbit/s	10 Gbit/s

Für kleine bis mittlere Unternehmen wird ein Dedicated Server mit 8 GB RAM als Ausgangspunkt empfohlen, wie in den Linode-Dokumentationen beschrieben.[3]

SSH-Konfiguration und Systemsicherheit

Nach der Betriebssystem-Installation ist die Einrichtung des SSH-Zugangs der erste kritische Schritt. Moderne Ubuntu-Installationen aktivieren SSH standardmäßig, jedoch sollten zusätzliche Sicherheitsmaßnahmen implementiert werden:

```
# System aktualisieren

sudo apt update && sudo apt upgrade -y

# Firewall konfigurieren

sudo ufw enable

sudo ufw allow ssh

sudo ufw allow 80/tcp

sudo ufw allow 443/tcp

sudo ufw allow 25/tcp

sudo ufw allow 587/tcp

sudo ufw allow 993/tcp

sudo ufw allow 995/tcp

# SSH-Konfiguration härten

sudo nano /etc/ssh/sshd_config
```

Wichtige SSH-Sicherheitseinstellungen:

```
# Port ändern (optional, aber empfohlen)

Port 2222

# Root-Login deaktivieren

PermitRootLogin no

# Passwort-Authentifizierung deaktivieren (wenn SSH-Keys verwendet werden)
```

```
PasswordAuthentication no

# Maximale Anmeldeversuche begrenzen

MaxAuthTries 3

# Keep-Alive-Einstellungen

ClientAliveInterval 300

ClientAliveCountMax 2
```

Nach den Änderungen muss der SSH-Service neu gestartet werden:

```
sudo systemctl restart sshd
```

Hostname und Zeitzone konfigurieren

Die korrekte Konfiguration von Hostname und Zeitzone ist für E-Mail-Server essentiell:[4]

```
# Hostname setzen (z.B. mail.ihredomain.de)

sudo hostnamectl set-hostname mail.ihredomain.de

# Zeitzone auf Deutschland setzen

sudo timedatectl set-timezone Europe/Berlin

# NTP für Zeitsynchronisation aktivieren

sudo systemctl enable systemd-timesyncd

sudo systemctl start systemd-timesyncd
```

Systemvorbereitung für Docker (falls Mailcow verwendet wird)

Mailcow ist eine containerbasierte Lösung, die Docker erfordert. Die Installation erfolgt mit den offiziellen Docker-Installationsskripten:[5]

```
# Docker installieren
```

```
curl -fsSL https://get.docker.com -o get-docker.sh

sudo sh get-docker.sh

# Docker Compose Plugin installieren

sudo apt install docker-compose-plugin

# Docker-Service aktivieren

sudo systemctl enable docker

sudo systemctl start docker

# Benutzer zur Docker-Gruppe hinzufügen

sudo usermod -aG docker $USER
```

Wichtiger Hinweis zu Firewalls: Mailcow-Dokumentationen warnen vor Problemen mit firewalld und ufw, wenn Docker verwendet wird. Es wird empfohlen, diese zu deaktivieren und stattdessen iptables-Regeln in der DOCKER-USER-Chain zu verwenden.[6]

Software-Installation

Option 1: Mailcow (Docker-basierte Komplettlösung)

Mailcow ist eine moderne, Docker-basierte E-Mail-Server-Suite, die alle erforderlichen Komponenten in einem integrierten Paket bereitstellt. Sie eignet sich besonders für Benutzer, die eine schnelle, wartungsarme Lösung bevorzugen.[7]

Mailcow-Installation

```
# Ins opt-Verzeichnis wechseln

cd /opt

# Mailcow-Repository klonen

sudo git clone https://github.com/mailcow/mailcow-dockerized
```

```
# In das Mailcow-Verzeichnis wechseln

cd mailcow-dockerized

# Konfigurationsskript ausführen

sudo ./generate_config.sh
```

Das Konfigurationsskript fordert Sie zur Eingabe der folgenden Informationen auf:

1. **FQDN (Fully Qualified Domain Name):** z.B. mail.ihredomain.de
2. **Zeitzone:** Europe/Berlin (für Deutschland)
3. **Branch-Auswahl:** master (für Produktionsumgebungen)

Mailcow-Konfiguration anpassen

Die Hauptkonfigurationsdatei mailcow.conf kann bei Bedarf angepasst werden:

```
sudo nano mailcow.conf
```

Wichtige Konfigurationsoptionen:

```
# FQDN des Mail-Servers

MAILCOW_HOSTNAME=mail.ihredomain.de

# HTTP/HTTPS-Ports (ändern wenn bereits belegt)

HTTP_PORT=80

HTTPS_PORT=443

# Zusätzliche Domains (kommagetrennt)

ADDITIONAL_SAN=webmail.ihredomain.de,smtp.ihredomain.de

# ACME (Let's Encrypt) Konfiguration

ACME_CONTACT=admin@ihredomain.de
```

ENABLE_SSL_SNI=y

Mailcow starten

Container-Images herunterladen und starten

sudo docker compose pull

sudo docker compose up -d

Der Start-Prozess dauert typischerweise 5-10 Minuten, abhängig von der Internetverbindung und Server-Performance.

Mailcow-Webinterface konfigurieren

Nach erfolgreichem Start ist das Webinterface unter https://mail.ihredomain.de erreichbar. Die Standard-Anmeldedaten sind:

- **Benutzername:** admin
- **Passwort:** moohoo

Erste Schritte nach der Anmeldung:

1. Passwort sofort ändern (Admin → Konfiguration → Admin-Details)
2. SSL-Zertifikate prüfen und bei Bedarf konfigurieren
3. Erste Domains und Mailboxen erstellen

Option 2: Postfix und Dovecot (Traditionelle Installation)

Für Benutzer, die mehr Kontrolle über die Konfiguration wünschen oder Docker vermeiden möchten, bietet die manuelle Installation von Postfix und Dovecot maximale Flexibilität.

Postfix-Installation

Postfix ist der Mail Transfer Agent (MTA) und verantwortlich für das Senden und Routing von E-Mails:[8]

Postfix installieren

sudo apt update

sudo DEBIAN_PRIORITY=low apt install postfix

Während der Installation wählen:

- General type: Internet Site

- System mail name: ihredomain.de

Postfix-Grundkonfiguration

Grundlegende Postfix-Konfiguration

sudo postconf -e 'myhostname = mail.ihredomain.de'

sudo postconf -e 'mydomain = ihredomain.de'

sudo postconf -e 'myorigin = $mydomain'

sudo postconf -e 'inet_interfaces = all'

sudo postconf -e 'mydestination = $myhostname, localhost.$mydomain, localhost, $mydomain'

Dovecot-Installation

Dovecot fungiert als Mail Delivery Agent (MDA) und stellt IMAP/POP3-Services bereit:[9]

Dovecot mit IMAP- und POP3-Unterstützung installieren

sudo apt install dovecot-core dovecot-imapd dovecot-pop3d dovecot-lmtpd

Dovecot-Konfiguration

Hauptkonfigurationsdatei bearbeiten

sudo nano /etc/dovecot/dovecot.conf

Grundlegende Dovecot-Einstellungen:

```
# Protokolle aktivieren

protocols = imap pop3 lmtp

# Mailbox-Format auf Maildir setzen

mail_location = maildir:/var/mail/vhosts/%d/%n

# SSL-Konfiguration

ssl = required

ssl_cert = </etc/ssl/certs/dovecot.pem

ssl_key = </etc/ssl/private/dovecot.pem
```

Integration von Postfix und Dovecot

Für die Zusammenarbeit zwischen Postfix und Dovecot müssen SASL-Authentifizierung konfiguriert werden:[10]

```
# Postfix für Dovecot SASL konfigurieren

sudo postconf -e 'smtpd_sasl_type = dovecot'

sudo postconf -e 'smtpd_sasl_path = private/auth'

sudo postconf -e 'smtpd_sasl_auth_enable = yes'

sudo postconf -e 'broken_sasl_auth_clients = yes'

sudo postconf -e 'smtpd_recipient_restrictions = permit_sasl_authenticated,permit_mynetworks,reject_unauth_destination'
```

Dovecot-Authentifizierung konfigurieren:

```
sudo nano /etc/dovecot/conf.d/10-auth.conf

# Service-Konfiguration

service auth {
```

unix_listener /var/spool/postfix/private/auth {

mode = 0660

user = postfix

group = postfix

}

}

Option 3: Mail-in-a-Box (Einfachste Installation)

Mail-in-a-Box ist die einfachste Lösung für Einsteiger und bietet eine vollständige E-Mail-Server-Installation mit einem einzigen Befehl:[11]

Mail-in-a-Box installieren (nur auf frischem Ubuntu 22.04)

curl -s https://mailinabox.email/setup.sh | sudo bash

Voraussetzungen für Mail-in-a-Box:

- Frische Ubuntu 22.04 LTS Installation (64-bit)
- Mindestens 1 GB RAM
- Vollständige DNS-Kontrolle über die Domain
- Statische IP-Adresse

Die Installation dauert typischerweise 30-60 Minuten und konfiguriert automatisch:

- Postfix (SMTP)
- Dovecot (IMAP/POP3)
- Roundcube (Webmail)
- DNS-Server mit SPF/DKIM/DMARC
- Let's Encrypt SSL-Zertifikate
- Automatische Backups

SSL/TLS-Zertifikate einrichten

Unabhängig von der gewählten Software-Option sind SSL/TLS-Zertifikate essentiell für sichere E-Mail-Kommunikation. Let's Encrypt bietet kostenlose Zertifikate:[12]

Certbot installieren

sudo apt install certbot

Zertifikat anfordern

sudo certbot certonly—standalone -d mail.ihredomain.de

Automatische Erneuerung einrichten

sudo crontab -e

Folgende Zeile hinzufügen:

0 2 * * * /usr/bin/certbot renew—quiet && systemctl restart postfix dovecot

Erstellung von E-Mail-Konten und Domains

Domain-Verwaltung in Mailcow

In Mailcow erfolgt die Domain- und Benutzerverwaltung über das Webinterface:

Domain hinzufügen

1. Im Webinterface zu **E-Mail** → **Konfiguration** → **Domains** navigieren
2. **Domain hinzufügen** klicken
3. Domain-Name eingeben (z.B. ihredomain.de)
4. **Hinzufügen** klicken

Mailbox erstellen

1. Zu **E-Mail** → **Konfiguration** → **Mailboxen** navigieren
2. **Mailbox hinzufügen** wählen
3. Erforderliche Informationen eingeben:

- **Lokaler Teil:** z.B. max.mustermann
- **Domain:** ihredomain.de (aus Dropdown wählen)
- **Name:** Max Mustermann
- **Quota:** z.B. 5120 MB (5 GB)
- **Passwort:** Sicheres Passwort festlegen

Alias-Adressen konfigurieren

Alias-Adressen ermöglichen es, mehrere E-Mail-Adressen auf eine Mailbox zu verweisen:

1. **E-Mail → Konfiguration → Alias-Adressen** wählen
2. **Alias hinzufügen** klicken
3. **Alias:** info@ihredomain.de
4. **Zu:** max.mustermann@ihredomain.de

Benutzer-Verwaltung bei Postfix/Dovecot

Bei der manuellen Installation müssen Benutzer über Konfigurationsdateien verwaltet werden:

Virtuelle Domains konfigurieren

Virtuelle Domains definieren

sudo nano /etc/postfix/virtual_domains

ihredomain.de

subdomain.ihredomain.de

Virtuelle Mailboxen erstellen

Virtuelle Benutzer-Mapping

sudo nano /etc/postfix/virtual_users

Format: E-Mail-Adresse Ziel-Mailbox

max.mustermann@ihredomain.de max.mustermann

info@ihredomain.de max.mustermann

support@ihredomain.de support

Postfix-Datenbanken aktualisieren

Hash-Datenbanken erstellen

sudo postmap /etc/postfix/virtual_domains

sudo postmap /etc/postfix/virtual_users

Postfix-Konfiguration aktualisieren

sudo postconf -e 'virtual_mailbox_domains = hash:/etc/postfix/virtual_domains'

sudo postconf -e 'virtual_mailbox_maps = hash:/etc/postfix/virtual_users'

sudo postconf -e 'virtual_mailbox_base = /var/mail/vhosts'

Mailbox-Verzeichnisse erstellen

sudo mkdir -p /var/mail/vhosts/ihredomain.de

sudo chown -R mail:mail /var/mail/vhosts/

sudo chmod -R 755 /var/mail/vhosts/

Webmail-Client Installation (Roundcube)

Roundcube bietet eine benutzerfreundliche Weboberfläche für den E-Mail-Zugriff über Browser:[13]

Roundcube-Installation

Apache und PHP installieren

sudo apt install apache2 php php-mysql php-curl php-xml php-zip php-mbstring php-intl

```
# MariaDB für Roundcube-Datenbank

sudo apt install mariadb-server

# Roundcube herunterladen

cd /tmp

wget https://github.com/roundcube/roundcubemail/releases/download/1.6.0/roundcubemail-1.6.0-complete.tar.gz

tar xzf roundcubemail-1.6.0-complete.tar.gz

sudo mv roundcubemail-1.6.0 /var/www/roundcube
```

Datenbank für Roundcube erstellen

```
sudo mysql -u root -p

CREATE DATABASE roundcubemail DEFAULT CHARACTER SET utf8 COLLATE utf8_general_ci;

CREATE USER 'roundcube'@'localhost' IDENTIFIED BY 'sicheres_passwort';

GRANT ALL PRIVILEGES ON roundcubemail.* TO 'roundcube'@'localhost';

FLUSH PRIVILEGES;

EXIT;

# Datenbankstruktur importieren

sudo mysql -u roundcube -p roundcubemail < /var/www/roundcube/SQL/mysql.initial.sql
```

Apache-Konfiguration für Roundcube

```
sudo nano /etc/apache2/sites-available/roundcube.conf
```

```
<VirtualHost *:80>

ServerName webmail.ihredomain.de

DocumentRoot /var/www/roundcube/

<Directory /var/www/roundcube/>

Options +FollowSymLinks

AllowOverride All

Order allow,deny

allow from all

</Directory>

ErrorLog ${APACHE_LOG_DIR}/roundcube_error.log

CustomLog ${APACHE_LOG_DIR}/roundcube_access.log combined

</VirtualHost>

# Site aktivieren und Apache neu starten

sudo a2ensite roundcube.conf

sudo systemctl restart apache2
```

DNS-Konfiguration validieren

Nach der Installation müssen die DNS-Einträge überprüft werden:

MX-Record prüfen

```
dig MX ihredomain.de
```

Erwartete Ausgabe:

```
ihredomain.de. 3600 IN MX 10 mail.ihredomain.de.
```

SPF-Record validieren

dig TXT ihredomain.de | grep spf

Beispiel SPF-Record:

ihredomain.de. 3600 IN TXT "v=spf1 mx ~all"

DKIM-Signatur testen

DKIM-Selektor abfragen (bei Mailcow meist 'dkim')

dig TXT dkim._domainkey.ihredomain.de

Multi-Domain-Support und Erweiterte Konfiguration

Mehrere Domains verwalten

Moderne E-Mail-Server müssen oft mehrere Domains bedienen. Sowohl Mailcow als auch die manuelle Postfix/Dovecot-Installation unterstützen Multi-Domain-Setups:

Mailcow Multi-Domain-Konfiguration

1. Jede zusätzliche Domain über das Webinterface hinzufügen
2. Separate DKIM-Keys für jede Domain generieren lassen
3. DNS-Einträge für alle Domains konfigurieren

Postfix Multi-Domain-Setup

Mehrere Domains in virtual_domains eintragen

sudo nano /etc/postfix/virtual_domains

ihredomain.de

zweitedomain.de

subdomain.ihredomain.de

Automatische Konfigurationshilfen

Moderne E-Mail-Clients können durch Autoconfiguration-Dateien automatisch konfiguriert werden:

Thunderbird Autoconfig

```
sudo mkdir -p /var/www/html/.well-known/autoconfig/mail

sudo nano /var/www/html/.well-known/autoconfig/mail/config-v1.1.xml

<?xml version="1.0" encoding="UTF-8"?>

<clientConfig version="1.1">

<emailProvider id="ihredomain.de">

<domain>ihredomain.de</domain>

<displayName>Ihr Firmen-Mail</displayName>

<displayShortName>Mail</displayShortName>

<incomingServer type="imap">

<hostname>mail.ihredomain.de</hostname>

<port>993</port>

<socketType>SSL</socketType>

<username>%EMAILADDRESS%</username>

<authentication>password-cleartext</authentication>

</incomingServer>

<outgoingServer type="smtp">

<hostname>mail.ihredomain.de</hostname>

<port>587</port>

<socketType>STARTTLS</socketType>
```

```
<username>%EMAILADDRESS%</username>

<authentication>password-cleartext</authentication>

</outgoingServer>

</emailProvider>

</clientConfig>
```

Troubleshooting und häufige Probleme

Mailcow-spezifische Probleme

Container starten nicht

```
# Container-Status prüfen

sudo docker compose ps

# Logs anzeigen

sudo docker compose logs

# Einzelnen Service neu starten

sudo docker compose restart postfix-mailcow
```

Port-Konflikte lösen

Wenn andere Services bereits Standard-E-Mail-Ports belegen:

```
# Belegte Ports identifizieren

sudo ss -tlpn | grep -E ':(25|80|110|143|443|465|587|993|995)'

# Mailcow-Konfiguration anpassen

sudo nano mailcow.conf

# HTTP_PORT=8080
```

HTTPS_PORT=8443

Postfix/Dovecot Troubleshooting

Mail-Logs überwachen

Postfix-Logs in Echtzeit anzeigen

sudo tail -f /var/log/mail.log

Dovecot-spezifische Logs

sudo tail -f /var/log/mail.err

Häufige Postfix-Fehlermeldungen

"Relay access denied"

SMTP-Auth prüfen

sudo postconf | grep smtpd_sasl

Falls nicht konfiguriert, SASL-Authentifizierung einrichten

"Connection refused"

Postfix-Status prüfen

sudo systemctl status postfix

Konfiguration testen

sudo postfix check

DNS-bezogene Probleme

SPF/DKIM/DMARC-Validierung

Online-Tools verwenden für umfassende Tests:

- MXToolbox.com

- Mail-tester.com

- DMARC Analyzer

Lokale Tests mit dig

dig TXT _dmarc.ihredomain.de

Performance-Optimierung

Postfix-Performance-Tuning

Gleichzeitige Verbindungen erhöhen

sudo postconf -e 'default_process_limit = 200'

sudo postconf -e 'smtpd_client_connection_count_limit = 50'

Queue-Management optimieren

sudo postconf -e 'maximal_queue_lifetime = 1d'

sudo postconf -e 'bounce_queue_lifetime = 1d'

Dovecot-Optimierung

sudo nano /etc/dovecot/conf.d/10-mail.conf

Mailbox-Format optimieren

mail_location = maildir:/var/mail/vhosts/%d/%n:INDEX=/var/indexes/%d/%n

Caching aktivieren

mail_cache_min_mail_count = 10

Sicherheitsmaßnahmen und Monitoring

Fail2Ban-Integration

Fail2Ban schützt vor Brute-Force-Angriffen:[14]

Fail2Ban installieren

sudo apt install fail2ban

Konfiguration für Mail-Services

sudo nano /etc/fail2ban/jail.local

[DEFAULT]

bantime = 3600

findtime = 600

maxretry = 5

[postfix-sasl]

enabled = true

port = smtp,465,587

filter = postfix-sasl

logpath = /var/log/mail.log

[dovecot]

enabled = true

port = pop3,pop3s,imap,imaps,submission,465,sieve

filter = dovecot

logpath = /var/log/mail.log

Logrotation konfigurieren

sudo nano /etc/logrotate.d/mailserver

/var/log/mail.log {

daily

rotate 30

missingok

notifempty

compress

delaycompress

postrotate

systemctl reload rsyslog

endscript

}

Fazit

Die Installation und Einrichtung eines selbstgehosteten E-Mail-Servers erfordert sorgfältige Planung und systematische Umsetzung. Mailcow bietet den einfachsten Einstieg für die meisten Anwender, während die manuelle Postfix/Dovecot-Installation maximale Kontrolle ermöglicht. Mail-in-a-Box stellt eine gute Mittelweg-Lösung für Einsteiger dar.

Unabhängig von der gewählten Lösung sind folgende Punkte entscheidend:

- Korrekte DNS-Konfiguration vor der Installation
- Sichere SSH- und Firewall-Konfiguration
- Regelmäßige Sicherheitsupdates
- Monitoring und Logging einrichten
- Backup-Strategien implementieren

Das nächste Kapitel behandelt erweiterte Sicherheitsmaßnahmen und Datenschutz-Konfigurationen, um den E-Mail-Server gegen moderne Bedrohungen abzusichern und DSGVO-Konformität sicherzustellen.

Fußnoten:

[1] Ubuntu Server Documentation, "Install and configure Postfix," https://documentation.ubuntu.com/server/how-to/mail-services/install-postfix/ (accessed 2024).

[2] Vultr Docs, "How to Install Postfix, Dovecot, and Roundcube on Ubuntu 20.04," April 1, 2025, https://docs.vultr.com/how-to-install-postfix-dovecot-and-roundcube-on-ubuntu-20-04.

[3] Linode Docs, "How to Set up an Email Server using Postfix and Dovecot," June 12, 2023, https://www.linode.com/docs/guides/how-to-setup-an-email-server/.

[4] Linux Journal, "Setting Up a Secure Mail Server with Dovecot on Ubuntu Server," April 24, 2025, https://www.linuxjournal.com/content/setting-secure-mail-server-dovecot-ubuntu-server.

[5] Contabo Blog, "How to Setup Your Own Mailserver with Mailcow," September 12, 2024, https://contabo.com/blog/how-to-setup-your-own-mailserver-with-mailcow/.

[6] Mailcow Documentation, "Prepare your system," https://docs.mailcow.email/getstarted/prerequisite-system/ (accessed 2024).

[7] Bennet Richter, "Tutorial: How to Install and Configure Mailcow (Mail Server)," April 3, 2023, https://www.bennetrichter.de/en/tutorials/mailcow-dockerized/.

[8] DigitalOcean, "How To Install and Configure Postfix on Ubuntu 22.04," April 26, 2022, https://www.digitalocean.com/community/tutorials/how-to-install-and-configure-postfix-on-ubuntu-22-04.

[9] GeeksforGeeks, "How to Set Up a Mail Server with Postfix and Dovecot on Ubuntu?," September 19, 2024, https://www.geeksforgeeks.org/techtips/set-up-mail-server-with-postfix-and-dovecot/.

[10] Ubuntu Server Documentation, "Install and configure Dovecot," https://documentation.ubuntu.com/server/how-to/mail-services/install-dovecot/ (accessed 2024).

[11] Mail-in-a-Box, "Take back control of your email," https://mailinabox.email/ (accessed 2024).

[12] Hamradio.my, "Setting Up Your Own Mail Server with Mailcow and Docker: A Step-by-Step Guide," September 7, 2024, https://hamradio.my/2024/09/setting-up-your-own-mail-server-with-mailcow-and-docker-a-step-by-step-guide/.

[13] LinuxBabe, "Install Roundcube Webmail on Ubuntu 22.04/20.04 with Apache/Nginx," November 4, 2022, https://www.linuxbabe.com/ubuntu/install-roundcube-webmail-ubuntu-20-04-apache-nginx.

[14] Mailcow Community, "The ultimate guide to run your own SMTP relay server," January 1, 2022, https://community.mailcow.email/d/1275-the-ultimate-guide-to-run-your-own-smtp-relay-server.

Kapitel VI: Sicherheit und Datenschutz

Die Sicherheit und der Datenschutz sind die fundamentalen Säulen eines jeden selbstgehosteten E-Mail-Servers, insbesondere in Deutschland, wo die Datenschutz-Grundverordnung (DSGVO) strenge Anforderungen an den Umgang mit personenbezogenen Daten stellt. Dieses Kapitel behandelt die wesentlichen Sicherheitsmaßnahmen, die erforderlich sind, um einen robusten und DSGVO-konformen E-Mail-Server zu betreiben.

Einleitung: Die Sicherheitslandschaft moderner E-Mail-Systeme

E-Mail-Server sind permanent Angriffen ausgesetzt und müssen gleichzeitig höchste Sicherheitsstandards erfüllen. Wie die Orientierungshilfe der niedersächsischen Datenschutzbehörde feststellt, "müssen Verantwortliche die Risiken, die durch die Übermittlung personenbezogener Daten per E-Mail entstehen, mit angemessenen Maßnahmen mindern."[1] Dies umfasst sowohl technische als auch organisatorische Maßnahmen zum Schutz personenbezogener Daten.

Die Herausforderung liegt darin, ein ausgewogenes Verhältnis zwischen Sicherheit, Funktionalität und Benutzerfreundlichkeit zu schaffen. Ein zu restriktives System kann die E-Mail-Zustellung beeinträchtigen, während unzureichende Sicherheitsmaßnahmen zu Datenschutzverletzungen führen können.

Verschlüsselung und Zertifikate

SSL/TLS-Verschlüsselung: Das Fundament der E-Mail-Sicherheit

Die Verschlüsselung der Datenübertragung bildet das Rückgrat jeder sicheren E-Mail-Kommunikation. Transport Layer Security (TLS) verschlüsselt die Verbindungen zwischen E-Mail-Servern und -Clients und schützt so vor Man-in-the-Middle-Angriffen.

Grundlagen der TLS-Verschlüsselung

TLS funktioniert auf zwei Ebenen:

- **Transportverschlüsselung**: Verschlüsselung der Verbindung zwischen Client und Server
- **Ende-zu-Ende-Verschlüsselung**: Verschlüsselung der E-Mail-Inhalte selbst

Das Bundesamt für Sicherheit in der Informationstechnik (BSI) unterscheidet zwischen diesen Verschlüsselungsarten.[2] Bei der Transportverschlüsselung werden die einzelnen Abschnitte des Versandkanals verschlüsselt, während bei der Ende-zu-Ende-Verschlüsselung die E-Mails selbst verschlüsselt werden.

Let's Encrypt Integration

Let's Encrypt hat sich als Standard für kostenlose SSL/TLS-Zertifikate etabliert und bietet eine automatisierte Lösung für die Zertifikatsverwaltung.[3] Die Zertifikate haben eine Gültigkeit von 90 Tagen und können automatisch erneuert werden, wodurch die bisher gängigen komplexen händischen Vorgänge bei der Erstellung, Validierung, Signierung, Einrichtung und Erneuerung von Zertifikaten ersetzt werden.

Installation und Konfiguration von Certbot:

```
# Installation auf Ubuntu/Debian

sudo apt update

sudo apt install certbot

# Zertifikat für Mail-Server beantragen

sudo certbot certonly—standalone -d mail.beispiel.de

# Automatische Erneuerung einrichten

sudo crontab -e
```

Folgende Zeile hinzufügen:

0 2 * * * certbot renew—quiet

Postfix-Konfiguration für TLS:

/etc/postfix/main.cf

smtpd_tls_cert_file = /etc/letsencrypt/live/mail.beispiel.de/fullchain.pem

smtpd_tls_key_file = /etc/letsencrypt/live/mail.beispiel.de/privkey.pem

smtpd_tls_security_level = may

smtpd_tls_protocols = !SSLv2, !SSLv3, !TLSv1, !TLSv1.1

smtpd_tls_ciphers = high

smtpd_tls_mandatory_ciphers = high

smtpd_tls_exclude_ciphers = aNULL, MD5, DES, ADH, RC4, PSD, SRP, 3DES, eNULL

Für ausgehende Verbindungen

smtp_tls_security_level = may

smtp_tls_protocols = !SSLv2, !SSLv3, !TLSv1, !TLSv1.1

Dovecot-Konfiguration für TLS:

/etc/dovecot/conf.d/10-ssl.conf

ssl = required

ssl_cert = </etc/letsencrypt/live/mail.beispiel.de/fullchain.pem

ssl_key = </etc/letsencrypt/live/mail.beispiel.de/privkey.pem

ssl_protocols = !SSLv2 !SSLv3 !TLSv1 !TLSv1.1

ssl_cipher_list = ECDHE+AESGCM:ECDHE+CHACHA20:DHE+AESGCM:DHE+CHA

ssl_prefer_server_ciphers = yes

DSGVO-konforme Verschlüsselungsanforderungen

Die DSGVO stellt spezifische Anforderungen an die E-Mail-Verschlüsselung, die sich nach dem Risiko für die Rechte und Freiheiten der betroffenen Personen richten.

Risikoklassifikation nach DSGVO

Computer Weekly erklärt die DSGVO-Anforderungen: "Bei einem hohen Risiko neben einer (opportunistischen) Transportverschlüsselung zusätzlich eine Inhaltsverschlüsselung (zum Beispiel PGP, PDF mit Passphrase, ZIP-Datei mit Passwort, ...) umzusetzen ist. Bei keinem hohen Risiko sehen wir eine (opportunistische) Transportverschlüsselung als ausreichend an."[4]

1. **Normales Risiko**: Namen, Adressen, E-Mail-Adressen
   - **Erforderlich**: Opportunistische Transportverschlüsselung
   - **Umsetzung**: TLS mit aktuellen Standards
2. **Hohes Risiko**: Finanz-, Gesundheits- oder andere sensible Daten
   - **Erforderlich**: Zusätzliche Inhaltsverschlüsselung
   - **Methoden**: S/MIME, PGP/OpenPGP, verschlüsselte Anhänge

Implementierung DSGVO-konformer Verschlüsselung

Obligatorische Transportverschlüsselung:

Postfix-Konfiguration für obligatorische TLS

smtp_tls_security_level = encrypt

smtpd_tls_security_level = encrypt

smtp_tls_note_starttls_offer = yes

smtpd_tls_loglevel = 1

Qualifizierte Transportverschlüsselung: Wie Datenschutz-Praxis erläutert, empfiehlt die DSK eine qualifizierte Transportverschlüsselung, die strengere TLS-Sicherheitsprüfungen durchführt:[5]

Erweiterte TLS-Sicherheit

smtp_tls_policy_maps = hash:/etc/postfix/tls_policy

smtp_tls_CApath = /etc/ssl/certs

smtp_tls_verify_cert_match = hostname

Zwei-Faktor-Authentifizierung (2FA)

Die Implementierung von Two-Factor Authentication erhöht die Sicherheit erheblich, auch wenn die Integration in E-Mail-Server-Systeme komplex ist.

Mailcow 2FA-Integration

Mailcow bietet native Unterstützung für mehrere 2FA-Methoden:[6]

1. **TOTP (Time-based One-Time Passwords)**
    - Apps: Google Authenticator, Authy, 1Password
    - Implementierung über QR-Code-Scanning
2. **YubiKey-Unterstützung**
    - Hardware-Token für erhöhte Sicherheit
    - Integration über Yubico Cloud API
3. **WebAuthn/FIDO2**
    - Modernste 2FA-Technologie
    - Unterstützung für verschiedene Hardware-Token

PAM-basierte 2FA für Dovecot/Postfix

Für traditionelle Postfix/Dovecot-Installationen kann 2FA über PAM (Pluggable Authentication Modules) implementiert werden:

Google Authenticator Installation

```
sudo apt install libpam-google-authenticator

# PAM-Konfiguration für Dovecot

# /etc/pam.d/dovecot

auth required pam_google_authenticator.so

auth include common-auth
```

Dovecot-Konfiguration:

```
# /etc/dovecot/conf.d/10-auth.conf

auth_mechanisms = plain

passdb {

driver = pam

args = dovecot

}
```

Spam- und Virenschutz

Übersicht der Anti-Spam-Technologien

Moderne E-Mail-Server benötigen mehrschichtige Schutzmaßnahmen gegen Spam und Malware. Die Auswahl der richtigen Tools hängt von den spezifischen Anforderungen und Ressourcen ab.

Vergleich der Spam-Filter-Lösungen

Tool	Ressourcenverbrauch	Funktionsumfang	Wartungsaufwand
SpamAssassin	Hoch	Sehr umfangreich	Mittel
rspamd	Niedrig	Umfangreich	Niedrig
Amavis	Mittel	Framework	Hoch

SpamAssassin: Der etablierte Standard

SpamAssassin ist seit Jahrzehnten der Goldstandard für E-Mail-Spam-Filterung. Apache SpamAssassin 4.0.2 wurde am 30. August 2025 veröffentlicht und bietet Kompatibilität mit der neuesten Perl-Version 5.42 sowie viele Verbesserungen und ein neues Redirector-Plugin.[7]

Installation und Grundkonfiguration

Installation auf Ubuntu/Debian

sudo apt update

sudo apt install spamassassin spamc

SpamAssassin-Benutzer erstellen

sudo adduser—system—group—home /var/lib/spamassassin—no-create-home spamassassin

Dienst aktivieren

sudo systemctl enable spamassassin

sudo systemctl start spamassassin

Grundkonfiguration (/etc/spamassassin/local.cf):

Spam-Schwellenwerte

required_score 5.0

report_safe 0

Bayes-Filter aktivieren

use_bayes 1

bayes_auto_learn 1

bayes_auto_learn_threshold_nonspam -0.1

bayes_auto_learn_threshold_spam 12.0

```
# Netzwerk-Tests aktivieren
skip_rbl_checks 0
# Deutsche Sprachregeln
ok_languages de en
ok_locales de en
# Automatische Regelupdates
loadplugin Mail::SpamAssassin::Plugin::Rule2XSBody
loadplugin Mail::SpamAssassin::Plugin::DCC
loadplugin Mail::SpamAssassin::Plugin::Pyzor
loadplugin Mail::SpamAssassin::Plugin::Razor2
```

Integration in Postfix

Über Milter (empfohlen):

```
# Installation des SpamAssassin-Milter
sudo apt install spamass-milter
# Postfix-Konfiguration
# /etc/postfix/main.cf
smtpd_milters = unix:/spamass/spamass.sock
milter_default_action = accept
```

Über Content-Filter:

```
# /etc/postfix/main.cf
content_filter = spamassassin
# /etc/postfix/master.cf
```

spamassassin unix - n n - - pipe

flags=DROhu user=spamassassin argv=/usr/bin/spamc -f -e

/usr/sbin/sendmail -oi -f ${sender} ${recipient}

rspamd: Die moderne Alternative

rspamd ist eine leistungsstarke, ressourcenschonende Alternative zu SpamAssassin mit integrierter Redis-Unterstützung für bessere Performance.[8] Das Antivirus-Modul ist seit rspamd Version 1.4 verfügbar und integriert sich nahtlos mit verschiedenen Virus-Scannern.

Installation und Konfiguration

Installation

sudo apt update

sudo apt install rspamd redis-server

Dienste starten

sudo systemctl enable rspamd redis-server

sudo systemctl start rspamd redis-server

Grundkonfiguration (/etc/rspamd/local.d/options.inc):

DNS-Server für Abfragen

dns {

nameserver = ["127.0.0.1:53", "8.8.8.8"];

timeout = 1s;

sockets = 16;

retransmits = 5;

}

Arbeiter-Prozesse

worker_processes = 2;

Milter-Integration (/etc/rspamd/local.d/milter_headers.conf):

use = ["x-spamd-bar", "x-spam-level", "authentication-results"];

authenticated_headers = ["authentication-results"];

extended_spam_headers = true;

Postfix-Integration:

/etc/postfix/main.cf

smtpd_milters = inet:localhost:11332

milter_default_action = accept

milter_protocol = 6

rspamd Web-Interface

rspamd bietet ein modernes Web-Interface für Überwachung und Konfiguration:

Passwort für Web-Interface setzen

sudo rspamadm pw—encrypt

Das verschlüsselte Passwort in /etc/rspamd/local.d/worker-controller.inc eintragen

password = "2zt1..."; # Ihr verschlüsseltes Passwort

ClamAV: Virenschutz für E-Mails

ClamAV bietet kostenlosen Virenschutz mit regelmäßig aktualisierten Signaturdatenbanken. Das rspamd Antivirus-Modul unterstützt verschiedene

Scanner, einschließlich ClamAV, und kann so konfiguriert werden, dass sowohl Anhänge als auch MIME-Teile separat gescannt werden.[9]

Installation und Konfiguration

Installation

sudo apt install clamav clamav-daemon clamav-freshclam

Aktualisierung der Virendefinitionen

sudo freshclam

Dienst konfigurieren

sudo systemctl enable clamav-daemon

sudo systemctl start clamav-daemon

ClamAV-Konfiguration (/etc/clamav/clamd.conf):

Socket für andere Anwendungen

LocalSocket /var/run/clamav/clamd.ctl

LocalSocketGroup clamav

LocalSocketMode 666

Maximale Dateigröße für Scanning

MaxFileSize 100M

MaxScanSize 100M

Archiv-Scanning

ScanArchive yes

ScanPE yes

ScanELF yes

```
ScanMail yes

# Performance-Optimierung

MaxThreads 12

MaxRecursion 16
```

Integration mit Amavis

Amavis fungiert als Brücke zwischen dem MTA (Postfix) und den Content-Filtern (SpamAssassin, ClamAV). LinuxBabe erklärt: "Amavis (A Mail Virus Scanner) ist eine hochperformante Schnittstelle zwischen einem Message Transfer Agent (MTA) wie Postfix und Content-Filtern."[10]

```
# Amavis-Installation

sudo apt install amavisd-new

# Konfiguration (/etc/amavis/conf.d/15-content_filter_mode)

use strict;

# Virus-Scanning aktivieren

@bypass_virus_checks_maps = ();

# Spam-Checking aktivieren (falls nicht über separaten SpamAssassin)

@bypass_spam_checks_maps = ();

# ClamAV-Integration

['ClamAV-clamd',

\&ask_daemon, ["CONTSCAN {}\n", "/var/run/clamav/clamd.ctl"],

qr/\bOK$/m, qr/\bFOUND$/m,

qr/^.*?: (?!Infected Archive)(.*) FOUND$/m ],
```

Postfix-Integration mit Amavis:

```
# /etc/postfix/main.cf
content_filter = smtp-amavis:[127.0.0.1]:10024
# /etc/postfix/master.cf
smtp-amavis unix - - - - 2 smtp
-o smtp_data_done_timeout=1200
-o smtp_send_xforward_command=yes
-o disable_dns_lookups=yes
127.0.0.1:10025 inet n - - - - smtpd
-o content_filter=
-o local_recipient_maps=
-o relay_recipient_maps=
-o smtpd_restriction_classes=
-o smtpd_delay_reject=no
-o smtpd_client_restrictions=permit_mynetworks,reject
-o smtpd_helo_restrictions=
-o smtpd_sender_restrictions=
-o smtpd_recipient_restrictions=permit_mynetworks,reject
-o mynetworks=127.0.0.0/8
-o smtpd_authorized_xforward_hosts=127.0.0.0/8
```

Performance-Optimierung und Ressourcenmanagement

Speicher-Anforderungen

Moderne Anti-Spam-Lösungen haben erhebliche Speicheranforderungen. LinuxBabe warnt: "Amavis und ClamAV benötigen eine beträchtliche Menge an RAM. Stellen Sie sicher, dass Sie mindestens 1,3 GB freien RAM auf Ihrem Server haben, bevor Sie Amavis und ClamAV installieren."[11]

- **Minimalkonfiguration**: 2 GB RAM
- **Produktivbetrieb**: 4-8 GB RAM
- **Hochlast-Umgebung**: 16+ GB RAM

ClamAV-Optimierung:

Reduzierte ClamAV-Konfiguration für begrenzte Ressourcen

/etc/clamav/clamd.conf

MaxThreads 2

MaxRecursion 8

MaxFiles 5000

MaxFileSize 25M

Backup-Strategien für Spam-Filter-Daten

Bayes-Datenbank-Backup (SpamAssassin)

sudo -u debian-spamd sa-learn—backup > /backup/bayes-backup.txt

rspamd-Statistiken-Backup

sudo rspamc stat > /backup/rspamd-stats.txt

Firewall und Monitoring

UFW (Uncomplicated Firewall): Einfache und effektive Firewall-Verwaltung

UFW ist die Standard-Firewall-Lösung für Ubuntu und Debian und bietet eine benutzerfreundliche Schnittstelle zu iptables. Wie der Ultimate Guide erklärt: "UFW bietet eine einfache und doch effektive Möglichkeit, Firewall-Regeln auf Linux-Servern zu verwalten."[12]

Grundkonfiguration

UFW installieren (falls nicht vorhanden)

sudo apt install ufw

Standard-Richtlinien setzen

sudo ufw default deny incoming

sudo ufw default allow outgoing

SSH-Zugang sicherstellen (WICHTIG: vor Aktivierung!)

sudo ufw allow ssh

E-Mail-Server-Ports öffnen

sudo ufw allow 25/tcp # SMTP

sudo ufw allow 587/tcp # SMTP Submission

sudo ufw allow 465/tcp # SMTP SSL

sudo ufw allow 993/tcp # IMAP SSL

sudo ufw allow 995/tcp # POP3 SSL

sudo ufw allow 143/tcp # IMAP (falls erforderlich)

sudo ufw allow 110/tcp # POP3 (falls erforderlich)

HTTP/HTTPS für Webmail und Zertifikatserneuerung

sudo ufw allow 80/tcp

sudo ufw allow 443/tcp

DNS-Abfragen (falls lokaler Resolver)

sudo ufw allow 53

UFW aktivieren

sudo ufw enable

Status überprüfen

sudo ufw status verbose

Erweiterte UFW-Regeln

Geografische Beschränkungen (mit GeoIP):

GeoIP-Modul installieren

sudo apt install xtables-addons-common libtext-csv-xs-perl

Deutsche IPs bevorzugen (Beispiel)

sudo ufw allow from 85.0.0.0/8 to any port 25

sudo ufw allow from 87.0.0.0/8 to any port 25

Rate-Limiting für SMTP:

Begrenzung der Verbindungen pro IP

sudo ufw limit 25/tcp

sudo ufw limit 587/tcp

Fail2Ban: Automatisierte Intrusion Prevention

Fail2Ban überwacht Logdateien auf verdächtige Aktivitäten und sperrt automatisch Angreifer-IPs. DigitalOcean erklärt: "Der Zweck von Fail2ban ist es, die Logs gängiger Dienste zu überwachen, um Muster bei Authentifizierungsfehlern zu erkennen."[13]

Installation und Grundkonfiguration

Installation

sudo apt install fail2ban

Konfigurationsdatei erstellen

sudo cp /etc/fail2ban/jail.conf /etc/fail2ban/jail.local

Grundkonfiguration (/etc/fail2ban/jail.local):

[DEFAULT]

Ban-Zeit (in Sekunden)

bantime = 3600

Zeitfenster für Fehlversuche

findtime = 600

Maximale Fehlversuche

maxretry = 5

E-Mail-Benachrichtigungen

destemail = admin@beispiel.de

sender = fail2ban@beispiel.de

mta = sendmail

Aktion bei Ban

action = %(action_mwl)s

Whitelist

ignoreip = 127.0.0.1/8 ::1 192.168.1.0/24

E-Mail-spezifische Jail-Konfigurationen

SSH-Schutz:

[sshd]

```
enabled = true
port = ssh
filter = sshd
logpath = /var/log/auth.log
maxretry = 3
bantime = 3600
```

Postfix-Schutz:

```
[postfix]
enabled = true
port = smtp,465,submission
filter = postfix
logpath = /var/log/mail.log
maxretry = 5
bantime = 3600
[postfix-sasl]
enabled = true
port = smtp,465,submission
filter = postfix-sasl
logpath = /var/log/mail.log
maxretry = 3
bantime = 3600
```

Dovecot-Schutz:

[dovecot]

enabled = true

port = pop3,pop3s,imap,imaps,submission,465,sieve

filter = dovecot

logpath = /var/log/mail.log

maxretry = 3

bantime = 3600

Benutzerdefinierte Filter

Postfix-SASL-Filter (/etc/fail2ban/filter.d/postfix-sasl.conf):

[Definition]

failregex = ^%(__prefix_line)swarning: [-._\w]+\[<HOST>\]: SASL (?:LOGIN|PLAIN|(?:CRAM|DIGEST)-MD5) authentication failed.*$

ignoreregex =

Erweiterte Überwachung:

Fail2Ban-Status überwachen

sudo fail2ban-client status

Spezifische Jail-Informationen

sudo fail2ban-client status postfix

Manuelle IP-Entsperrung

sudo fail2ban-client set postfix unbanip 192.168.1.100

Monitoring und Logging

Centralized Logging mit rsyslog

```
# Erweiterte Logging-Konfiguration
# /etc/rsyslog.d/50-default.conf
# E-Mail-Logs separieren
mail.* /var/log/mail.log
mail.info -/var/log/mail.info
mail.warn -/var/log/mail.warn
mail.err /var/log/mail.err
# Fail2Ban-Logs
:programname, isequal, "fail2ban" /var/log/fail2ban.log
& stop
```

Log-Rotation

```
# /etc/logrotate.d/mail
/var/log/mail.log
/var/log/mail.info
/var/log/mail.warn
/var/log/mail.err
{
weekly
missingok
rotate 52
compress
delaycompress
```

```
notifempty
create 644 root root
postrotate
/usr/lib/rsyslog/rsyslog-rotate
endscript
}
```

Monitoring-Scripte

E-Mail-Queue-Überwachung:

```
#!/bin/bash
# /usr/local/bin/check-mail-queue.sh
QUEUE_COUNT=$(postqueue -p | tail -n 1 | awk '{print $5}')
if [[ $QUEUE_COUNT -gt 100 ]]; then
echo "WARNING: Mail queue has $QUEUE_COUNT messages"
postqueue -p | head -20
fi
```

Disk-Space-Überwachung:

```
#!/bin/bash
# /usr/local/bin/check-mail-storage.sh
USAGE=$(df /var/vmail | awk 'NR==2 {print $5}' | sed 's/%//')
if [[ $USAGE -gt 90 ]]; then
echo "CRITICAL: Mail storage is ${USAGE}% full"
# Optional: E-Mail-Benachrichtigung senden
```

fi

Erweiterte Sicherheitsmaßnahmen

DNS-basierte Sicherheit

SPF, DKIM und DMARC Konfiguration

Diese Protokolle sind essentiell für die E-Mail-Authentifizierung und den Schutz vor Spoofing.

SPF-Record (DNS):

TXT-Record für beispiel.de

beispiel.de. IN TXT "v=spf1 mx ip4:192.168.1.10 ~all"

DKIM-Konfiguration mit OpenDKIM:

OpenDKIM installieren

sudo apt install opendkim opendkim-tools

Schlüssel generieren

sudo opendkim-genkey -t -s mail -d beispiel.de -D /etc/opendkim/keys/beispiel.de/

DNS-Record hinzufügen

mail._domainkey.beispiel.de. IN TXT "v=DKIM1; k=rsa; p=MIGfMA0G..."

DMARC-Record:

TXT-Record für _dmarc.beispiel.de

_dmarc.beispiel.de. IN TXT "v=DMARC1; p=quarantine; rua=mailto:dmarc@beispiel.de"

Datenschutz-Checkliste für DSGVO-Compliance

Technische Maßnahmen (Art. 32 DSGVO)

Wie Datenschutz-Praxis erklärt, nennt die DSGVO in Art. 32 ausdrücklich die Verschlüsselung als eine der Maßnahmen, um die Sicherheit der Verarbeitung zu gewährleisten:[14]

1. **Verschlüsselung**
    - ◈ TLS 1.2+ für alle Verbindungen
    - ◈ Ende-zu-Ende-Verschlüsselung für sensible Daten
    - ◈ Verschlüsselung ruhender Daten
2. **Zugangskontrollen**
    - ◈ Strong Authentication (2FA wo möglich)
    - ◈ Prinzip der minimalen Berechtigung
    - ◈ Regelmäßige Zugangsüberprüfung
3. **Verfügbarkeit und Belastbarkeit**
    - ◈ Redundante Systeme
    - ◈ Regelmäßige Backups
    - ◈ Disaster Recovery Plan
4. **Monitoring und Logging**
    - ◈ Umfassende Protokollierung
    - ◈ Intrusion Detection
    - ◈ Regelmäßige Sicherheitsaudits

Organisatorische Maßnahmen

1. **Datenschutzrichtlinien**
    - ◈ Klare Datenverarbeitungsrichtlinien
    - ◈ Mitarbeiterschulungen
    - ◈ Incident Response Plan
2. **Verträge und Vereinbarungen**
    - ◈ Auftragsverarbeitungsverträge (AVV)
    - ◈ Datenschutzerklärungen
    - ◈ Nutzereinwilligungen

Besondere Anforderungen für Unternehmen

GoBD-konforme E-Mail-Archivierung

Die Grundsätze zur ordnungsmäßigen Führung und Aufbewahrung von Büchern (GoBD) stellen besondere Anforderungen an die Archivierung geschäftlicher E-Mails. Datenschutzexperte.de erklärt: "E-Mail-Adressen gehören zur Kategorie der personenbezogenen Daten und sind vom Schutzbereich der DSGVO erfasst."[15]

Anforderungen:

- **Unveränderbarkeit**: E-Mails müssen manipulationssicher archiviert werden
- **Vollständigkeit**: Alle relevanten E-Mails müssen erfasst werden
- **Ordnung**: Systematische und nachvollziehbare Archivierung
- **Aufbewahrungsfristen**: 6-10 Jahre je nach Dokumenttyp

Implementierung mit MailStore:

MailStore bietet automatisierte TLS-Verschlüsselung mit Let's Encrypt und erklärt: "MailStore Server stellt Administratoren ein einfaches und effektives Mittel zur Verfügung, um automatisch offizielle, vertrauenswürdige Zertifikate zu erhalten und zu erneuern."[16]

```
# Automatisierte Archivierung konfigurieren

# MailStore Management Shell

# Archivierungsprofil für IMAP

New-MailStoreArchiveProfile -Name "Postfix-Archive" -Type IMAP

-Host "localhost" -Port 993 -SSL $true

-UserName "archive@beispiel.de" -Password "secure_password"
```

Troubleshooting und Wartung

Häufige Sicherheitsprobleme

TLS-Konfigurationsprobleme

Problem: E-Mails werden nicht zugestellt wegen TLS-Fehlern

Diagnose:

```
# TLS-Verbindung testen

openssl s_client -connect mail.beispiel.de:587 -starttls smtp

# Postfix-Logs überprüfen

sudo tail -f /var/log/mail.log | grep -i tls
```

Lösung: Cipher-Suite aktualisieren und schwache Protokolle deaktivieren

Fail2Ban-Optimierung

Problem: Zu aggressive Sperrungen oder unzureichender Schutz

Tuning:

```
# Whitelist für bekannte IP-Bereiche erweitern

# /etc/fail2ban/jail.local

ignoreip = 127.0.0.1/8 ::1 192.168.0.0/16 10.0.0.0/8 172.16.0.0/12

# Dynamische IP-Ranges für Provider

ignoreip = $(dig +short mail.provider.de)
```

Sicherheits-Auditing

Regelmäßige Sicherheitsüberprüfungen

Monatliche Checks:

```
#!/bin/bash

# /usr/local/bin/security-audit.sh

echo "=== E-Mail-Server Security Audit ==="
```

```
echo "Datum: $(date)"
# TLS-Konfiguration prüfen
echo "1. TLS-Status:"
postconf | grep tls_security_level
# Fail2Ban-Status
echo "2. Fail2Ban aktive Sperren:"
fail2ban-client status | grep "Jail list"
# Update-Status
echo "3. System-Updates:"
apt list—upgradable 2>/dev/null | wc -l
# Disk-Usage
echo "4. Speicherplatz:"
df -h /var/vmail /var/log
# Log-Anomalien
echo "5. Verdächtige Log-Einträge (letzte 24h):"
grep -i "failed\|error\|warning" /var/log/mail.log | tail -10
```

Compliance-Berichterstattung

DSGVO-Audit-Report:

```
#!/bin/bash
# /usr/local/bin/dsgvo-compliance-check.sh
echo "=== DSGVO-Compliance Status ==="
# Verschlüsselungsstatus
```

```
echo "TLS-Verschlüsselung:"
if postconf smtpd_tls_security_level | grep -q "may\|encrypt"; then
echo "� TLS aktiviert"
else
echo "� TLS-Konfiguration prüfen"
fi
# Backup-Status
echo "Backup-Status:"
if [ -f "/var/backups/mail/latest.tar.gz" ]; then
AGE=$(find /var/backups/mail/latest.tar.gz -mtime +1)
if [ -z "$AGE" ]; then
echo "� Aktuelles Backup vorhanden"
else
echo "⚠ Backup älter als 24 Stunden"
fi
else
echo "� Kein Backup gefunden"
fi
# Log-Retention
echo "Log-Aufbewahrung:"
OLDEST_LOG=$(ls -la /var/log/mail.log.* | tail -1)
echo "Ältestes Log: $OLDEST_LOG"
```

Fazit: Ganzheitliche Sicherheitsstrategie

Die Sicherheit selbstgehosteter E-Mail-Server erfordert einen mehrschichtigen Ansatz, der technische Maßnahmen, organisatorische Prozesse und rechtliche Compliance vereint. Die Implementierung der in diesem Kapitel beschriebenen Maßnahmen schafft eine solide Grundlage für einen sicheren und DSGVO-konformen E-Mail-Server.

Wichtige Erfolgsfaktoren:

1. **Kontinuierliche Updates**: Regelmäßige Aktualisierung aller Komponenten
2. **Monitoring**: Proaktive Überwachung und schnelle Reaktion auf Anomalien
3. **Dokumentation**: Vollständige Dokumentation aller Sicherheitsmaßnahmen
4. **Training**: Regelmäßige Schulungen für Administratoren und Nutzer
5. **Testing**: Regelmäßige Penetrationstests und Sicherheitsaudits

Die Investition in umfassende Sicherheitsmaßnahmen zahlt sich langfristig aus, sowohl durch den Schutz vor Cyberangriffen als auch durch die Gewährleistung der rechtlichen Compliance. Ein gut abgesicherter E-Mail-Server bietet nicht nur Datenschutz und Sicherheit, sondern auch Vertrauen und Zuverlässigkeit für alle Nutzer.

Quellenverzeichnis:

[1] Der Landesbeauftragte für den Datenschutz Niedersachsen, "Orientierungshilfe: Schutzmaßnahmen beim E-Mail-Versand," https://www.lfd.niedersachsen.de/startseite/themen/technik_und_organisation/orientierungshilfen_und_handlungsempfehlungen/orientierungshilfe_schutzmassnahmen_beim_e_mail_versand/orientierungshilfe-schutzmassnahmen-beim-e-mail-versand-189434.html, zugegriffen September 2025.

[2] Bundesamt für Sicherheit in der Informationstechnik (BSI), "E-Mail-Verschlüsselung," 27. Februar 2025, https://www.bsi.bund.de/DE/Themen/Verbraucherinnen-und-Verbraucher/Informationen-und-Empfehlungen/Onlinekommunikation/Verschluesselt-kommunizieren/E-Mail-Verschluesselung/e-mail-verschluesselung.html.

[3] Let's Encrypt, "FAQ - Freie SSL/TLS Zertifikate," https://letsencrypt.org/de/docs/faq/, zugegriffen September 2025.

[4] Computer Weekly, "DSGVO/GDPR: Wann E-Mails verschlüsselt werden müssen," https://www.computerweekly.com/de/ratgeber/DSGVO-GDPR-Wann-E-Mails-verschluesselt-werden-muessen, zugegriffen September 2025.

[5] Datenschutz-Praxis, "E-Mail-Verschlüsselung: Was fordert der Datenschutz?" 25. Juni 2024, https://www.datenschutz-praxis.de/tom/e-mail-verschluesselung-was-fordert-der-datenschutz/.

[6] Mailcow, "Two-Factor Authentication," https://docs.mailcow.email/manual-guides/mailcow-UI/u_e-mailcow_ui-tfa/, zugegriffen September 2025.

[7] Apache SpamAssassin, "Welcome," https://spamassassin.apache.org/, zugegriffen September 2025.

[8] Rspamd Documentation, "Antivirus module," https://rspamd.com/doc/modules/antivirus.html, zugegriffen September 2025.

[9] Rspamd Documentation, "Antivirus module," https://rspamd.com/doc/modules/antivirus.html, zugegriffen September 2025.

[10] LinuxBabe, "Setting Up Amavis and ClamAV on Ubuntu Mail Server," 2. Juni 2022, https://www.linuxbabe.com/mail-server/postfix-amavis-spamassassin-clamav-ubuntu.

[11] LinuxBabe, "Setting Up Amavis and ClamAV on Ubuntu Mail Server," 2. Juni 2022, https://www.linuxbabe.com/mail-server/postfix-amavis-spamassassin-clamav-ubuntu.

[12] Kite Metric, "Ultimate Guide to Linux UFW Firewall & Fail2ban," https://kitemetric.com/blogs/secure-your-linux-server-with-ufw-firewall-a-comprehensive-guide, zugegriffen September 2025.

[13] DigitalOcean, "How Fail2Ban Works to Protect Services on a Linux Server," 2. August 2022, https://www.digitalocean.com/community/tutorials/how-fail2ban-works-to-protect-services-on-a-linux-server.

[14] Datenschutz-Praxis, "E-Mail-Verschlüsselung: Was fordert der Datenschutz?" 25. Juni 2024, https://www.datenschutz-praxis.de/tom/e-mail-verschluesselung-was-fordert-der-datenschutz/.

[15] Datenschutzexperte.de, "E-Mail-Anbieter Datenschutz," 7. Dezember 2022, https://www.datenschutzexperte.de/blog/wie-steht-es-mit-dem-datenschutz-bei-e-mail-anbietern.

[16] MailStore, "Tech Tips: Setting up Let's Encrypt Certificates in MailStore Server," 4. Oktober 2023, https://www.mailstore.com/en/blog/tech-tips-lets-encrypt-mailstore-server/.

Kapitel VII: Konfiguration und Optimierung

Einleitung

Nach der erfolgreichen Installation und grundlegenden Einrichtung Ihres selbstgehosteten E-Mail-Servers beginnt die entscheidende Phase der Konfiguration und Optimierung. Dieses Kapitel behandelt die weiterführenden Aspekte eines professionellen Mail-Server-Betriebs: das Management von Benutzern und Berechtigungen, die Implementierung einer GoBD-konformen E-Mail-Archivierung sowie die Performance-Optimierung für eine skalierbare und effiziente Infrastruktur.

Die hier vorgestellten Techniken und Best Practices basieren auf bewährten Methoden aus der Praxis und berücksichtigen die spezifischen Anforderungen des deutschen Rechtsraums. Besondere Aufmerksamkeit gilt dabei der Einhaltung der Grundsätze zur ordnungsgemäßen Führung und Aufbewahrung von Büchern, Aufzeichnungen und Unterlagen in elektronischer Form sowie zum Datenzugriff (GoBD) und der Datenschutz-Grundverordnung (DSGVO).

7.1 Benutzer- und Berechtigungsmanagement

7.1.1 Virtuelle Benutzer vs. System-Benutzer

Moderne Mail-Server-Implementierungen nutzen primär virtuelle Benutzerkonten, die in Datenbanken verwaltet werden, anstatt lokale Unix-Benutzer zu erstellen. Diese Architektur bietet erhebliche Vorteile in Bezug auf Skalierbarkeit, Sicherheit und Verwaltungseffizienz.

Vorteile virtueller Benutzer:[1]

- Keine Shell-Zugriffe für E-Mail-Benutzer
- Zentrale Verwaltung über Webinterfaces
- Skalierbarkeit für Hunderte oder Tausende von Benutzern
- Getrennte Sicherheitskontexte zwischen System und E-Mail-

Diensten

Die Implementierung erfolgt typischerweise durch die Erstellung eines dedizierten Systembenutzers vmailer, der als Eigentümer aller virtuellen Mailboxen fungiert:

```
# Erstellen der Benutzergruppe und des Systembenutzers

groupadd -g 5000 vmailer

useradd -s /usr/sbin/nologin -u 5000 -g 5000 vmailer

# Erstellen der Verzeichnisstruktur für virtuelle Domains

mkdir -p /var/vmail

chown vmailer:vmailer /var/vmail

chmod 755 /var/vmail
```

7.1.2 Datenbankgestützte Benutzerverwaltung

Die moderne Benutzerverwaltung erfolgt über relationale Datenbanken (MySQL, PostgreSQL), die sowohl von Postfix als auch von Dovecot abgefragt werden können. Diese Architektur ermöglicht eine einheitliche und konsistente Verwaltung aller E-Mail-bezogenen Daten.[2]

Grundlegende Datenbankstruktur für virtuelle Benutzer:

```
CREATE TABLE virtual_domains (

id INT AUTO_INCREMENT PRIMARY KEY,

name VARCHAR(255) NOT NULL,

enabled BOOLEAN DEFAULT TRUE,

created_at TIMESTAMP DEFAULT CURRENT_TIMESTAMP

);
```

```
CREATE TABLE virtual_users (
id INT AUTO_INCREMENT PRIMARY KEY,
domain_id INT NOT NULL,
email VARCHAR(255) NOT NULL UNIQUE,
password VARCHAR(255) NOT NULL,
quota BIGINT DEFAULT 0,
enabled BOOLEAN DEFAULT TRUE,
created_at TIMESTAMP DEFAULT CURRENT_TIMESTAMP,
FOREIGN KEY (domain_id) REFERENCES virtual_domains(id)
);
CREATE TABLE virtual_aliases (
id INT AUTO_INCREMENT PRIMARY KEY,
domain_id INT NOT NULL,
source VARCHAR(255) NOT NULL,
destination TEXT NOT NULL,
enabled BOOLEAN DEFAULT TRUE,
FOREIGN KEY (domain_id) REFERENCES virtual_domains(id)
);
```

7.1.3 Passwort-Hashing und Sicherheit

Die sichere Speicherung von Passwörtern ist ein kritischer Aspekt der Benutzerverwaltung. Moderne Mail-Server-Implementierungen unterstützen verschiedene Hashing-Verfahren, wobei SHA-256 oder BCRYPT als aktuelle Standards gelten.[3]

Empfohlene Passwort-Hashing-Methoden:

Verfahren	Sicherheit	Performance	Empfehlung
MD5	Niedrig	Hoch	Nicht empfohlen
SHA-256	Mittel-Hoch	Mittel	Akzeptabel
BCRYPT	Sehr hoch	Niedrig-Mittel	Empfohlen
ARGON2	Sehr hoch	Niedrig	Zukünftig

Konfiguration von Dovecot für sicheres Passwort-Hashing:

```
# /etc/dovecot/conf.d/auth-sql.conf.ext

passdb {

driver = sql

args = /etc/dovecot/dovecot-sql.conf.ext

}

userdb {

driver = sql

args = /etc/dovecot/dovecot-sql.conf.ext

}
```

Dovecot SQL-Konfiguration mit BCRYPT:

```
# /etc/dovecot/dovecot-sql.conf.ext

driver = mysql

connect = host=localhost dbname=mailserver user=mailuser password=secure_password

default_pass_scheme = BLF-CRYPT

password_query = SELECT email as user, password FROM virtual_users WHERE email='%u' AND enabled=1
```

user_query = SELECT '/var/vmail/%d/%n' as home, 'vmailer' as uid, 'vmailer' as gid, CONCAT('dirsize:storage=', quota) AS quota FROM virtual_users WHERE email='%u' AND enabled=1

7.1.4 Quota-Management

Ein effektives Quota-System verhindert, dass einzelne Benutzer unverhältnismäßig viel Speicherplatz verbrauchen und ermöglicht eine faire Ressourcenverteilung.[4]

Konfiguration von Dovecot-Quotas:

```
# /etc/dovecot/conf.d/90-quota.conf

plugin {

quota = dirsize:User quota

quota_rule = *:storage=1GB

quota_rule2 = Trash:storage=+100M

quota_warning = storage=95%% quota-warning 95 %u

quota_warning2 = storage=80%% quota-warning 80 %u

}

protocol imap {

mail_plugins = $mail_plugins quota imap_quota

}

protocol pop3 {

mail_plugins = $mail_plugins quota

}
```

Quota-Warnskript:

```
#!/bin/bash

# /usr/local/bin/quota-warning

PERCENT=$1

USER=$2

cat << EOF | /usr/sbin/sendmail "$USER"

From: noreply@example.com

To: $USER

Subject: Quota-Warnung - ${PERCENT}% erreicht

Ihre Mailbox hat ${PERCENT}% der verfügbaren Kapazität erreicht.

Bitte löschen Sie nicht mehr benötigte E-Mails oder wenden Sie sich an den Administrator.

Mit freundlichen Grüßen

Ihr Mail-System

EOF
```

7.1.5 Rollen und Berechtigungsmodell

Ein durchdachtes Berechtigungsmodell ermöglicht die granulare Steuerung von Zugriff und Funktionalität basierend auf Benutzerrollen.

Grundlegende Rollen-Struktur:

Rolle	Berechtigungen	Beschreibung
Administrator	Vollzugriff	Systemweite Konfiguration
Domain-Admin	Domain-spezifisch	Verwaltung eigener Domain
Benutzer	E-Mail-Zugriff	Standard-E-Mail-Funktionen
Readonly	Lesezugriff	Monitoring und Berichte

```
CREATE TABLE user_roles (
```

```
id INT AUTO_INCREMENT PRIMARY KEY,
user_id INT NOT NULL,
role ENUM('admin', 'domain_admin', 'user', 'readonly') DEFAULT 'user',
domain_restrictions TEXT,
created_at TIMESTAMP DEFAULT CURRENT_TIMESTAMP,
FOREIGN KEY (user_id) REFERENCES virtual_users(id)
);
```

7.2 Backups und GoBD-konforme Archivierung

7.2.1 Rechtliche Grundlagen der E-Mail-Archivierung in Deutschland

Die rechtlichen Anforderungen an die E-Mail-Archivierung in Deutschland ergeben sich aus verschiedenen Gesetzen und Verordnungen. Seit dem 1. Januar 2017 gelten die GoBD (Grundsätze zur ordnungsgemäßigen Führung und Aufbewahrung von Büchern, Aufzeichnungen und Unterlagen in elektronischer Form sowie zum Datenzugriff) verpflichtend für alle buchführungspflichtigen Unternehmen.[5]

Wesentliche Anforderungen der GoBD:[6]

- **Vollständigkeit:** Alle geschäftsrelevanten E-Mails müssen erfasst werden
- **Unveränderlichkeit:** Archivierte E-Mails dürfen nicht manipulierbar sein
- **Verfügbarkeit:** Schneller Zugriff für Betriebsprüfungen
- **Ordnung:** Systematische und nachvollziehbare Ablage
- **Nachvollziehbarkeit:** Vollständige Dokumentation aller Prozesse

Aufbewahrungsfristen nach deutschem Recht:[7]

Dokumenttyp	Aufbewahrungsfrist	Rechtsgrundlage
Handelsbriefe	6 Jahre	§ 257 HGB
Geschäftsbriefe	6 Jahre	§ 147 AO
Rechnungen	10 Jahre	§ 147 AO
Buchungsbelege	10 Jahre	§ 147 AO
Verträge	6-10 Jahre	Je nach Inhalt

7.2.2 Archivierungspflichtige vs. nicht-archivierungspflichtige E-Mails

Nicht alle E-Mails unterliegen der Archivierungspflicht. Die Kategorisierung erfolgt nach dem Inhalt und der geschäftlichen Relevanz der Nachricht.[8]

Archivierungspflichtige E-Mails:

- Aufträge und Bestellungen
- Rechnungen und Zahlungsbelege
- Verträge und Vereinbarungen
- Reklamationen und Beschwerden
- Angebote mit geschäftlicher Relevanz
- Terminvereinbarungen mit Geschäftspartnern

Nicht archivierungspflichtige E-Mails:

- Private Korrespondenz (bei erlaubter Privatnutzung)
- Spam und unerwünschte Werbung
- Interne Koordinationsmails ohne Geschäftsbezug
- Newsletter und Informationsrundschreiben
- Terminabsagen ohne weitere Geschäftsrelevanz

7.2.3 Technische Implementierung der GoBD-konformen Archivierung

Die technische Umsetzung einer GoBD-konformen E-Mail-Archivierung erfordert spezielle Software-Lösungen, die herkömmliche E-Mail-Programme nicht bieten können.[9]

Kernanforderungen an Archivierungssoftware:

- Automatische Erfassung aller relevanten E-Mails
- Unveränderbare Speicherung (WORM-Prinzip)
- Volltext-Indexierung für schnelle Suche
- Audit-Logs für alle Zugriffe
- Export-Funktionen für Betriebsprüfungen
- Integration in bestehende Mail-Systeme

Beispielkonfiguration für automatische Archivierung mit Journal:

/etc/postfix/main.cf - Journal-Konfiguration

always_bcc = archive@internal.example.com

/etc/postfix/transport

archive@internal.example.com archive:

Archivierungs-Transport-Konfiguration:

/etc/postfix/master.cf

archive unix - n n - 10 pipe

flags=Rq user=archive argv=/usr/local/bin/mail-archive-script

${sender} ${recipient} ${original_recipient}

7.2.4 Automatisierte Backup-Strategien

Ein umfassendes Backup-Konzept schützt sowohl vor technischen Ausfällen als auch vor Datenverlust durch menschliche Fehler oder Sicherheitsvorfälle.[10]

Backup-Komponenten eines Mail-Servers:

- Mail-Datenbanken (Benutzer, Domains, Einstellungen)
- Mailbox-Inhalte (Postfächer und Archive)
- Konfigurationsdateien
- SSL-Zertifikate und Schlüssel
- Log-Dateien

- Archivierungsdatenbanken

Dreistufige Backup-Strategie (3-2-1-Regel):

- **3** Kopien der Daten (Original + 2 Backups)
- **2** verschiedene Medientypen
- **1** Backup an entferntem Standort

Automatisiertes Backup-Skript:

```
#!/bin/bash

# /usr/local/bin/mail-backup.sh

BACKUP_DATE=$(date +%Y%m%d_%H%M%S)

BACKUP_ROOT="/backup/mail"

MAIL_ROOT="/var/vmail"

CONFIG_ROOT="/etc"

# Erstelle Backup-Verzeichnis

mkdir -p "$BACKUP_ROOT/$BACKUP_DATE"

# Mail-Datenbank sichern

mysqldump—single-transaction mailserver > "$BACKUP_ROOT/$BACKUP_DATE/mailserver.sql"

# Mailboxen sichern (mit Komprimierung)

tar -czf "$BACKUP_ROOT/$BACKUP_DATE/vmail.tar.gz" -C /var vmail/

# Konfigurationsdateien sichern

tar -czf "$BACKUP_ROOT/$BACKUP_DATE/configs.tar.gz" \

/etc/postfix/ \
```

/etc/dovecot/ \

/etc/ssl/certs/ \

/etc/ssl/private/

Checksummen erstellen

find "$BACKUP_ROOT/$BACKUP_DATE" -type f -exec sha256sum {} \; > "$BACKUP_ROOT/$BACKUP_DATE/checksums.sha256"

Alte Backups bereinigen (älter als 90 Tage)

find "$BACKUP_ROOT" -type d -mtime +90 -name "20*" -exec rm -rf {} \;

Log-Eintrag

logger "Mail-Server Backup completed: $BACKUP_DATE"

Cron-Eintrag für automatisierte Backups:

/etc/crontab - Täglich um 02:00 Uhr

0 2 * * * root /usr/local/bin/mail-backup.sh

7.2.5 Disaster Recovery und Wiederherstellung

Ein durchdachtes Disaster-Recovery-Konzept minimiert Ausfallzeiten und gewährleistet die schnelle Wiederherstellung des E-Mail-Dienstes.[11]

Recovery-Zeit-Ziele (RTO/RPO):

- **RTO (Recovery Time Objective):** Maximale Ausfallzeit (z.B. 4 Stunden)
- **RPO (Recovery Point Objective):** Maximaler Datenverlust (z.B. 1 Stunde)

Wiederherstellungs-Skript:

#!/bin/bash

```
# /usr/local/bin/mail-restore.sh
if [ $# -ne 1 ]; then
echo "Usage: $0 <backup_date>"
exit 1
fi
BACKUP_DATE="$1"
BACKUP_PATH="/backup/mail/$BACKUP_DATE"
# Dienste stoppen
systemctl stop postfix dovecot
# Datenbank wiederherstellen
mysql mailserver < "$BACKUP_PATH/mailserver.sql"
# Mailboxen wiederherstellen
tar -xzf "$BACKUP_PATH/vmail.tar.gz" -C /var/
# Konfigurationen wiederherstellen
tar -xzf "$BACKUP_PATH/configs.tar.gz" -C /
# Berechtigungen korrigieren
chown -R vmailer:vmailer /var/vmail
chmod -R 755 /var/vmail
# Dienste starten
systemctl start postfix dovecot
# Funktionstest
echo "Test" | mail -s "Recovery Test" admin@example.com
```

echo "Recovery completed from backup: $BACKUP_DATE"

7.3 Performance-Optimierung und Skalierung

7.3.1 Postfix Performance-Tuning

Die Performance-Optimierung von Postfix erfordert eine systematische Analyse der Systemressourcen und Anpassung verschiedener Parameter entsprechend der erwarteten Last.[12]

Grundlegende Performance-Parameter:

/etc/postfix/main.cf - Performance-Optimierung

Prozess-Limits erhöhen

default_process_limit = 200

maximal_queue_lifetime = 5d

bounce_queue_lifetime = 5d

Verbindungs-Optimierung

smtp_destination_concurrency_limit = 10

smtp_destination_rate_delay = 1s

smtp_extra_recipient_limit = 10

Queue-Management

minimal_backoff_time = 300s

maximal_backoff_time = 4000s

queue_run_delay = 300s

Master.cf Prozess-Konfiguration für hohe Last:

/etc/postfix/master.cf - Optimiert für hohen Durchsatz

```
smtp inet n - y - - smtpd
-o smtpd_recipient_limit=50
-o smtpd_timeout=120s
-o smtpd_hard_error_limit=10
pickup unix n - y 60 1 pickup
cleanup unix n - y - 0 cleanup
qmgr unix n - n 300 1 qmgr
tlsmgr unix - - y 1000? 1 tlsmgr
```

7.3.2 Dovecot Performance-Optimierung

Dovecot bietet verschiedene Tuning-Optionen für IMAP/ POP3-Performance, insbesondere bei hoher Benutzerzahl.[13]

Dovecot Performance-Konfiguration:

```
# /etc/dovecot/conf.d/10-master.conf
service imap-login {
inet_listener imap {
port = 143
}
inet_listener imaps {
port = 993
ssl = yes
}
process_min_avail = 2
```

```
process_limit = 200
client_limit = 10
}
service imap {
process_limit = 500
client_limit = 10
executable = imap postlogin
}
service postlogin {
executable = script-login /usr/local/bin/postlogin.sh
user = vmailer
unix_listener postlogin {
group = vmailer
mode = 0660
}
}
```

Memory und Caching-Optimierung:

```
# /etc/dovecot/conf.d/10-mail.conf
mail_cache_max_size = 64M
mailbox_list_index = yes
# Maildir-Optimierungen
```

mail_location = maildir:/var/vmail/%d/%n:LAYOUT=fs:INDEX=/var/indexes/%d/%n

/etc/dovecot/conf.d/90-plugin.conf

plugin {

Full-Text-Search mit Solr für große Archive

fts = solr

fts_solr = url=http://localhost:8983/solr/dovecot/

Lazy-Expunge für bessere Performance bei Löschvorgängen

lazy_expunge = .EXPUNGED/

}

7.3.3 Datenbankoptimierung

Die Performance der Backend-Datenbank ist kritisch für die Gesamtperformance des Mail-Systems, insbesondere bei der Authentifizierung und Quota-Abfragen.[14]

MySQL-Optimierung für Mail-Server:

—/etc/mysql/conf.d/mail-optimization.cnf

[mysqld]

InnoDB-Optimierungen

innodb_buffer_pool_size = 1G

innodb_log_file_size = 256M

innodb_flush_log_at_trx_commit = 2

Query-Cache für häufige Abfragen

query_cache_type = 1

query_cache_size = 128M

query_cache_limit = 4M

Connection-Pool

max_connections = 200

connect_timeout = 10

wait_timeout = 600

Index-Optimierungen

key_buffer_size = 256M

tmp_table_size = 64M

max_heap_table_size = 64M

Indizierung für virtuelle Benutzer-Tabellen:

—Performance-Indizes für häufige Abfragen

ALTER TABLE virtual_users ADD INDEX idx_email (email);

ALTER TABLE virtual_users ADD INDEX idx_enabled (enabled);

ALTER TABLE virtual_domains ADD INDEX idx_name (name);

ALTER TABLE virtual_domains ADD INDEX idx_enabled (enabled);

ALTER TABLE virtual_aliases ADD INDEX idx_source (source);

ALTER TABLE virtual_aliases ADD INDEX idx_enabled (enabled);

—Composite Index für komplexe Abfragen

ALTER TABLE virtual_users ADD INDEX idx_email_enabled (email, enabled);

7.3.4 Monitoring und Performance-Metriken

Ein effektives Monitoring-System ist unerlässlich für die kontinuierliche Überwachung der Mail-Server-Performance und die proaktive Identifikation von Problemen.[15]

Wichtige Performance-Metriken:

Kategorie	Metrik	Normaler Bereich	Kritischer Wert
Postfix	Messages/min	10-1000	>5000
Dovecot	Active Sessions	10-500	>1000
System	Load Average	0.1-2.0	>5.0
Disk I/O	IOPS	100-1000	>5000
Memory	Usage %	30-70%	>90%

Monitoring-Skript für Mail-Server-Metriken:

```
#!/bin/bash

# /usr/local/bin/mail-metrics.sh

LOGFILE="/var/log/mail-metrics.log"

TIMESTAMP=$(date '+%Y-%m-%d %H:%M:%S')

# Postfix Queue-Status

QUEUE_COUNT=$(postqueue -p | tail -n 1 | awk '{print $5}' | grep -o '[0-9]*' || echo 0)

# Dovecot aktive Verbindungen

DOVECOT_CONNECTIONS=$(netstat -ant | grep ':993\|:143' | grep ESTABLISHED | wc -l)

# System-Metriken

LOAD_AVG=$(uptime | awk -F'load average:' '{print $2}' | awk '{print $1}' | sed 's/,//')

MEMORY_USAGE=$(free | grep Mem | awk '{printf "%.2f", $3/$2 * 100.0}')
```

```
# Disk I/O für /var/vmail

DISK_USAGE=$(df /var/vmail | tail -1 | awk '{print $5}' | sed 's/%//')

# Logge Metriken

echo
"$TIMESTAMP,queue:$QUEUE_COUNT,connections:$DOVECOT_CONNEC
>> "$LOGFILE"

# Alarme bei kritischen Werten

if [ "$QUEUE_COUNT" -gt 1000 ]; then

logger "ALERT: Mail queue unusually high: $QUEUE_COUNT"

echo "Queue alert: $QUEUE_COUNT messages" | mail -s "Mail Server Alert"
admin@example.com

fi

if (( $(echo "$LOAD_AVG > 5.0" | bc -l) )); then

logger "ALERT: System load high: $LOAD_AVG"

fi
```

7.3.5 Integration mit Kalendern und Kontakten

Die Integration von Kalender- und Kontakt-Funktionalität erweitert den E-Mail-Server zu einer vollständigen Groupware-Lösung.[16]

CalDAV/CardDAV mit Postfix/Dovecot:

```
# /etc/dovecot/conf.d/20-calendar.conf

protocol dav {

mail_plugins = $mail_plugins caldav carddav

}
```

```
plugin {
caldav_url = https://mail.example.com/caldav/
carddav_url = https://mail.example.com/carddav/
}
```

Integration mit Nextcloud für erweiterte Groupware-Funktionen:

```
// /var/www/nextcloud/config/config.php - Mail-Integration
'mail_domain' => 'example.com',
'mail_from_address' => 'nextcloud',
'mail_smtpmode' => 'smtp',
'mail_smtphost' => 'localhost',
'mail_smtpport' => 587,
'mail_smtpsecure' => 'tls',
'mail_smtpauth' => true,
'mail_smtpauthtype' => 'LOGIN',
'mail_smtpname' => 'nextcloud@example.com',
'mail_smtppassword' => 'secure_password',
```

7.3.6 Skalierungs-Strategien

Bei wachsender Benutzerzahl und steigendem E-Mail-Volumen sind verschiedene Skalierungs-Strategien erforderlich.[17]

Horizontale Skalierung - Multi-Server-Setup:

```
# Load Balancer Konfiguration (HAProxy)
frontend mail_frontend
```

bind *:25

bind *:587

bind *:993

bind *:143

default_backend mail_servers

backend mail_servers

balance roundrobin

server mail1 192.168.1.10:25 check

server mail2 192.168.1.11:25 check

server mail3 192.168.1.12:25 check

Vertikale Skalierung - Ressourcen-Optimierung:

Komponente	Mindestanforderung	Empfohlene Ausstattung	Enterprise-Setup
CPU	2 Cores	4-8 Cores	16+ Cores
RAM	4 GB	8-16 GB	32+ GB
Storage	100 GB SSD	500 GB NVMe	2+ TB NVMe RAID
Netzwerk	100 Mbps	1 Gbps	10+ Gbps

7.4 Zusammenfassung und Best Practices

Die erfolgreiche Konfiguration und Optimierung eines selbstgehosteten E-Mail-Servers erfordert eine systematische Herangehensweise, die sowohl technische als auch rechtliche Aspekte berücksichtigt. Die wichtigsten Erfolgsfaktoren sind:

Technische Best Practices:

- Verwendung virtueller Benutzer für bessere Skalierbarkeit

- Implementierung starker Authentifizierungsmechanismen
- Regelmäßige Performance-Überwachung und -Optimierung
- Proaktive Backup- und Archivierungsstrategien

Rechtliche Compliance:

- GoBD-konforme E-Mail-Archivierung
- DSGVO-konforme Datenverarbeitung
- Dokumentation aller Prozesse und Verfahren
- Regelmäßige Compliance-Audits

Betriebliche Exzellenz:

- Automatisierung wiederkehrender Aufgaben
- Umfassendes Monitoring und Alerting
- Regelmäßige Updates und Sicherheitspatches
- Kontinuierliche Kapazitätsplanung

Die in diesem Kapitel vorgestellten Konfigurationen und Optimierungen bilden die Grundlage für einen professionellen, sicheren und leistungsfähigen E-Mail-Server-Betrieb. Die kontinuierliche Weiterentwicklung und Anpassung an sich ändernde Anforderungen gewährleistet dabei die langfristige Stabilität und Compliance der Lösung.

Fußnoten:

[1] DoHost, "Building a Mail Server on Debian with Postfix and Dovecot," August 15, 2025, https://dohost.us/index.php/2025/08/15/building-a-mail-server-on-debian-with-postfix-and-dovecot/.

[2] Twilight Networks, "[Ubuntu] Postfix als Mailserver mit Dovecot und PostfixAdmin," 2025, https://www.twilight-networks.com/docs/postfix_als_mailserver_mit_dovecot_und_postfixadmin/.

[3] MikiHands, "Setting Up a Mail Server on Linux #6: Configuring Dovecot's auth-sql.conf.ext and Password Hashing," Blog.MikiHands, February 6, 2025,

https://blog.mikihands.com/en/whitedec/2025/2/6/linux-mail-server-dovecot-auth-sql-password-hashing/.

[4] DoHost, "Configuring Postfix to Use Dovecot for Local Delivery," July 27, 2025, https://dohost.us/index.php/2025/07/27/configuring-postfix-to-use-dovecot-for-local-delivery/.

[5] Lexware, "E-Mail-Archivierung: Die rechtlichen Grundlagen," June 30, 2025, https://www.lexware.de/wissen/buchhaltung-finanzen/e-mail-archivierung/.

[6] MailStore Server, "MailStore Server - GoBD die rechtlichen Aspekte der E-Mail-Archivierung," January 17, 2023, https://www.mailstore.com/de/produkte/mailstore-server/rechtssicherheit/.

[7] Schneider & Wulf EDV-Beratung, "E-Mails richtig archivieren – revisionssicher und GoBD-konform," December 11, 2022, https://schneider-wulf.de/2022/02/23/mails-richtig-archivieren/.

[8] SevDesk, "Rechtssichere E-Mail Archivierung: GoBD Software & Mehr," July 24, 2025, https://sevdesk.de/blog/rechtssichere-e-mail-archivierung/.

[9] SCOOPEX GmbH, "GoBD konforme E-Mail Archivierung," October 6, 2024, https://www.scoopex.de/gobd-konforme-email-archivierung.php.

[10] Hamburger Software, "E-Mail-Archivierung – 6 verbreitete Irrtümer," September 23, 2024, https://www.hamburger-software.de/blog/6-irrtuemer-zur-e-mail-archivierung/.

[11] Allan Drassal, "Setting up an email server with postfix, dovecot, postfixadmin, and roundcube," Allan's Workshop, 2025, https://www.drassal.net/wp/setting-up-an-email-server-with-postfix-dovecot-postfixadmin-and-roundcube/.

[12] Postfix, "Postfix Performance Tuning," 2025, http://www.postfix.org/TUNING_README.html.

[13] Netdata, "Dovecot Monitoring | Netdata," 2025, https://www.netdata.cloud/monitoring-101/dovecot-monitoring/.

[14] WebHosting.de, "Postfix configuration for maximum security and performance," March 13, 2025, https://webhosting.de/en/postfix-configuration-security-performance-guide/.

[15] DoHost, "Monitoring Mail Server Logs: Postfix, Dovecot, and SpamAssassin," July 27, 2025, https://dohost.us/index.php/2025/07/27/monitoring-mail-server-logs-postfix-dovecot-and-spamassassin/.

[16] IONOS, "Set up a Postfix Mail Server With Dovecot and Squirrelmail on Ubuntu 16.04," May 7, 2021, https://www.ionos.com/digitalguide/e-mail/technical-matters/set-up-a-postfix-mail-server-with-dovecot-and-squirrelmail-on-ubuntu/.

[17] DoHost, "Postfix vs. Dovecot: Role and Interaction in a Mail Server Stack," July 26, 2025, https://dohost.us/index.php/2025/07/26/postfix-vs-dovecot-role-and-interaction-in-a-mail-server-stack/.

Kapitel VIII: Wartung und Troubleshooting

Einleitung

Die Wartung und das Troubleshooting von selbstgehosteten E-Mail-Servern sind entscheidende Aspekte für den dauerhaften und zuverlässigen Betrieb. Ohne kontinuierliche Wartung und proaktives Monitoring können sich kleine Probleme zu kritischen Ausfällen entwickeln, die nicht nur die E-Mail-Zustellung beeinträchtigen, sondern auch das Vertrauen der Nutzer und die Reputation des Servers beschädigen[1]. Die Komplexität moderner E-Mail-Systeme mit ihren verschiedenen Komponenten – von Postfix und Dovecot bis hin zu Spam-Filter-Systemen – erfordert einen systematischen Ansatz zur Wartung und Problemlösung[2].

In diesem Kapitel werden wir einen umfassenden Überblick über die wichtigsten Wartungsaufgaben geben, häufige Probleme identifizieren und praktische Lösungsansätze vorstellen. Dabei liegt der Schwerpunkt auf präventiven Maßnahmen, die dazu beitragen, Probleme zu vermeiden, bevor sie auftreten[3]. Die Erfahrung zeigt, dass proaktive Wartung wesentlich kostengünstiger und weniger störend ist als reaktive Problemlösung nach einem Ausfall[4].

I. Regelmäßige Updates und Patches

1.1 Bedeutung von System-Updates

Die regelmäßige Aktualisierung von Software und Betriebssystem ist eine der wichtigsten Sicherheitsmaßnahmen für E-Mail-Server. Sicherheitslücken in Postfix, Dovecot oder dem zugrunde liegenden Linux-System können von Angreifern ausgenutzt werden, um unbefugten Zugang zu erlangen oder den Server als Spam-Relay zu missbrauchen[5].

Kritische Komponenten, die regelmäßig aktualisiert werden müssen:

- **Postfix**: Mail Transfer Agent (MTA) mit häufigen Sicherheitsupdates

- **Dovecot**: IMAP/POP3-Server mit Authentifizierungskomponenten
- **Betriebssystem**: Kernel, System-Bibliotheken und Core-Services
- **SSL/TLS-Bibliotheken**: OpenSSL und verwandte Verschlüsselungskomponenten
- **Spam-Filter**: SpamAssassin, ClamAV und ähnliche Schutzssysteme
- **Webmail-Interface**: Roundcube oder andere Web-basierte Clients

1.2 Automatisierte Update-Strategien

Die Implementierung automatisierter Updates erfordert einen ausgewogenen Ansatz zwischen Sicherheit und Stabilität. Während Sicherheitsupdates zeitnah installiert werden sollten, können größere System-Updates zunächst in einer Testumgebung validiert werden[6].

Automatisierte Sicherheitsupdates unter Ubuntu/Debian:

```
# Unattended-Upgrades Installation

sudo apt install unattended-upgrades

# Konfiguration für automatische Sicherheitsupdates

sudo dpkg-reconfigure -plow unattended-upgrades

# Konfigurationsdatei bearbeiten

sudo nano /etc/apt/apt.conf.d/50unattended-upgrades
```

Beispielkonfiguration für unattended-upgrades:

```
Unattended-Upgrade::Allowed-Origins {

"${distro_id}:${distro_codename}-security";

"${distro_id}ESMApps:${distro_codename}-apps-security";

"${distro_id}ESM:${distro_codename}-infra-security";

};
```

```
Unattended-Upgrade::AutoFixInterruptedDpkg "true";

Unattended-Upgrade::MinimalSteps "true";

Unattended-Upgrade::Automatic-Reboot "false";

Unattended-Upgrade::Automatic-Reboot-Time "02:00";
```

1.3 Manuelle Update-Verfahren

Für kritische Produktionsserver empfiehlt sich ein kontrollierter Ansatz mit manueller Validierung[7]:

```
# System-Update-Check

sudo apt update

sudo apt list—upgradable

# Vor dem Update: Backup erstellen

sudo tar czf /backup/postfix-$(date +%F).tar.gz /etc/postfix

sudo tar czf /backup/dovecot-$(date +%F).tar.gz /etc/dovecot

# Schrittweise Updates

sudo apt upgrade postfix

sudo apt upgrade dovecot-core dovecot-imapd

sudo systemctl restart postfix

sudo systemctl restart dovecot

# Funktionstest nach Updates

echo "Test email" | mail -s "Update Test" admin@example.com
```

1.4 Sicherheits-Scans und Vulnerability Assessment

Die regelmäßige Überprüfung auf bekannte Sicherheitslücken ist essentiell für die Serversicherheit[8]. Tools wie Lynis oder OpenVAS können automatisierte Sicherheitsaudits durchführen:

Lynis Security Audit:

```
# Lynis Installation

sudo apt install lynis

# Vollständiges System-Audit

sudo lynis audit system

# Postfix-spezifische Prüfungen

sudo lynis audit system—tests-from-group mail
```

Postfix Configuration Validation:

```
# Konfigurationsprüfung

sudo postconf -d > /tmp/postfix-defaults.txt

sudo postconf -n > /tmp/postfix-current.txt

# Syntax-Check

sudo postfix check

# Test-Modus für neue Konfigurationen

sudo postfix reload
```

II. Häufige Probleme und Lösungen

2.1 Deliverability-Probleme

Deliverability-Probleme gehören zu den häufigsten und kritischsten Herausforderungen beim Betrieb eigener E-Mail-Server. Diese können verschiedene Ursachen haben und erfordern systematisches Troubleshooting[9].

2.1.1 IP-Reputation und Blacklisting

Die Reputation der Server-IP ist entscheidend für die Zustellbarkeit von E-Mails. Eine schlechte IP-Reputation führt dazu, dass E-Mails als Spam klassifiziert oder ganz blockiert werden[10].

Diagnoseschritte für IP-Reputation:

```
# IP-Reputation prüfen

dig TXT 127.0.0.1.zen.spamhaus.org

dig TXT 127.0.0.1.b.barracudacentral.org

# Mehrere Blacklists gleichzeitig prüfen

for bl in zen.spamhaus.org b.barracudacentral.org dnsbl.sorbs.net; do

echo -n "Checking $bl: "

dig +short TXT 127.0.0.1.$bl

done
```

Häufige Blacklist-Ursachen und Lösungen:

Problem	**Ursache**	**Lösung**
Spam-Versendung	Kompromittierte Accounts	Passwörter zurücksetzen, 2FA aktivieren
Hohe Bounce-Rate	Veraltete E-Mail-Listen	Listen bereinigen, Double-Opt-in implementieren
Offenes Relay	Fehlkonfiguration	smtpd_relay_restrictions überprüfen
Shared IP-Problem	Andere Nutzer auf derselben IP	Dedicated IP beantragen

2.1.2 DNS-Konfigurationsprobleme

Fehlerhafte DNS-Einträge sind eine häufige Ursache für Zustellprobleme[11]. Die korrekte Konfiguration von SPF, DKIM und DMARC ist essentiell:

DNS-Diagnose-Tools:

```
# MX-Record prüfen

dig MX example.com

# SPF-Record validieren

dig TXT example.com | grep "v=spf1"

# DKIM-Record prüfen

dig TXT default._domainkey.example.com

# DMARC-Record validieren

dig TXT _dmarc.example.com
```

Beispiel korrekter DNS-Einträge:

```
example.com. IN MX 10 mail.example.com.

example.com. IN TXT "v=spf1 mx ~all"

_dmarc.example.com. IN TXT "v=DMARC1; p=quarantine; rua=mailto:dmarc@example.com"

default._domainkey.example.com. IN TXT "v=DKIM1; k=rsa; p=MIGfMA0..."
```

2.2 Performance-Probleme

Performance-Probleme können durch verschiedene Faktoren verursacht werden, von unzureichender Hardware bis hin zu Fehlkonfigurationen[12].

2.2.1 Systemressourcen-Monitoring

```
# CPU und Memory Usage überwachen

top -p $(pgrep postfix)

htop -p $(pgrep dovecot)
```

```
# Disk I/O Analyse

iotop -ao

# Network-Verbindungen prüfen

netstat -tulpn | grep :25

netstat -tulpn | grep :993
```

2.2.2 Queue-Management

Eine überfüllte Mail-Queue kann ein Indikator für verschiedene Probleme sein[13]:

```
# Queue-Status prüfen

mailq

postqueue -p

# Queue-Größe überwachen

postqueue -p | tail -1

# Problematische E-Mails identifizieren

postqueue -p | grep MAILER-DAEMON
```

Queue-Bereinigung bei Problemen:

```
# Alle E-Mails aus der Queue entfernen (Notfall)

postsuper -d ALL

# Nur E-Mails an bestimmte Domain löschen

postqueue -p | grep 'spam-domain.com' | awk '{print $1}' | postsuper -d -

# Frozen E-Mails entfernen

postsuper -d ALL deferred
```

2.3 Authentifizierungsprobleme

Authentifizierungsfehler können sowohl Server-seitig als auch Client-seitig auftreten[14].

2.3.1 SASL-Authentifizierung Troubleshooting

```
# SASL-Status prüfen

sudo postconf -d | grep sasl

sudo postconf -n | grep sasl

# Dovecot-Authentifizierung testen

doveadm auth test username@example.com password

# SASL-Logs analysieren

sudo tail -f /var/log/mail.log | grep sasl
```

2.3.2 SSL/TLS-Probleme

SSL/TLS-Konfigurationsfehler können Verbindungen blockieren[15]:

```
# SSL-Zertifikat prüfen

openssl x509 -in /etc/postfix/server.crt -text -noout

# TLS-Verbindung testen

openssl s_client -connect mail.example.com:25 -starttls smtp

openssl s_client -connect mail.example.com:993

# Zertifikat-Gültigkeit prüfen

echo | openssl s_client -connect mail.example.com:993 2>/dev/null | openssl x509 -noout -dates
```

III. Monitoring und Protokollierung

3.1 Log-Analyse-Grundlagen

Die systematische Analyse von Log-Dateien ist entscheidend für die Früherkennung von Problemen und die Optimierung der Server-Performance[16]. E-Mail-Server generieren große Mengen an Log-Daten, die strukturiert ausgewertet werden müssen.

3.1.1 Wichtige Log-Dateien

Standard Log-Locations unter Linux:

Hauptsächliche Mail-Logs

/var/log/mail.log # Debian/Ubuntu

/var/log/maillog # CentOS/RHEL

/var/log/messages # System-Messages

Dovecot-spezifische Logs

/var/log/dovecot.log # Dovecot-spezifisch

/var/log/dovecot-info.log # Info-Level Logs

/var/log/dovecot-debug.log # Debug-Informationen

System-Logs

/var/log/syslog # System-weite Logs

/var/log/auth.log # Authentifizierungslogs

3.1.2 Live Log-Monitoring

Real-time Mail-Log Monitoring

sudo tail -f /var/log/mail.log

Gefilterte Log-Ausgabe für Postfix

sudo tail -f /var/log/mail.log | grep postfix

Multi-File Monitoring mit multitail

multitail /var/log/mail.log /var/log/dovecot.log

Colored Log-Output

sudo tail -f /var/log/mail.log | ccze -A

3.2 Rsyslog-Konfiguration für E-Mail-Server

Rsyslog ist das Standard-Logging-System auf den meisten Linux-Distributionen und bietet erweiterte Funktionen für die Protokollierung von E-Mail-Servern[17].

3.2.1 Erweiterte Rsyslog-Konfiguration

Datei: /etc/rsyslog.d/49-mail.conf

Mail-Server spezifische Logging-Regeln

$template MailLogFormat,"%TIMESTAMP% %HOSTNAME% %syslogtag%%msg%\n"

Postfix Logging

mail.info /var/log/mail.log;MailLogFormat

mail.warn /var/log/mail.warn;MailLogFormat

mail.err /var/log/mail.err;MailLogFormat

Dovecot spezifisches Logging

if $programname == 'dovecot' then {

*.info /var/log/dovecot.log;MailLogFormat

*.warn /var/log/dovecot.warn;MailLogFormat

stop

```
}

# Performance-optimierte Logging-Einstellungen

$WorkDirectory /var/spool/rsyslog

$ActionQueueFileName mail_queue

$ActionQueueMaxDiskSpace 1g

$ActionQueueSaveOnShutdown on

$ActionQueueType LinkedList

$ActionResumeRetryCount -1
```

3.2.2 Remote Logging-Konfiguration

Für größere Installationen kann zentralisiertes Logging über mehrere Server hilfreich sein[18]:

```
# Remote Syslog Sender Konfiguration

*.* @@logserver.example.com:514

# Lokale Backup-Logs beibehalten

mail.* /var/log/mail.log

# SSL/TLS verschlüsseltes Remote Logging

$DefaultNetstreamDriverCAFile /etc/ssl/certs/ca-bundle.crt

$DefaultNetstreamDriver gtls

$ActionSendStreamDriverMode 1

$ActionSendStreamDriverAuthMode x509/name

$ActionSendStreamDriverPermittedPeer logserver.example.com

*.* @@logserver.example.com:6514
```

3.3 System Activity Reporting (SAR)

SAR ist ein leistungsfähiges Tool zur kontinuierlichen Überwachung der System-Performance und bietet detaillierte Einblicke in CPU-, Memory-, Disk- und Network-Nutzung[19].

3.3.1 SAR Installation und Grundkonfiguration

SAR Installation (Teil des sysstat-Pakets)

sudo apt install sysstat # Debian/Ubuntu

sudo yum install sysstat # CentOS/RHEL

SAR-Service aktivieren

sudo systemctl enable sysstat

sudo systemctl start sysstat

Konfiguration anpassen

sudo nano /etc/default/sysstat

SAR-Konfigurationsdatei /etc/default/sysstat:

SAR-Datensammlung aktivieren

ENABLED="true"

Sammlung alle 10 Minuten

SADC_OPTIONS="-S DISK"

History für 30 Tage behalten

HISTORY=30

3.3.2 SAR-Monitoring für E-Mail-Server

CPU-Performance Überwachung:

```
# Aktuelle CPU-Nutzung
sar -u 1 5
# CPU-Historie des heutigen Tages
sar -u
# CPU-Performance vom gestrigen Tag
sar -u -f /var/log/sysstat/sa$(date—date='yesterday' +%d)
```

Memory-Usage Monitoring:

```
# Memory-Statistiken
sar -r 1 10
# Swap-Usage
sar -S
# Detaillierte Memory-Analyse
sar -R
```

Network-Performance Tracking:

```
# Network-Interface Statistiken
sar -n DEV
# Network-Errors
sar -n EDEV
# TCP-Verbindungen
sar -n TCP
```

3.3.3 Automatisierte SAR-Reports

Script für automatisierte Performance-Reports:

```
#!/bin/bash
# /usr/local/bin/mail-server-report.sh
DATE=$(date +%Y-%m-%d)
REPORT_FILE="/var/log/mail-server-performance-$DATE.txt"
echo "Mail Server Performance Report - $DATE" > $REPORT_FILE
echo "==========================================="
>> $REPORT_FILE
# CPU-Auslastung
echo -e "\nCPU Usage:" >> $REPORT_FILE
sar -u | tail -5 >> $REPORT_FILE
# Memory-Nutzung
echo -e "\nMemory Usage:" >> $REPORT_FILE
sar -r | tail -5 >> $REPORT_FILE
# Disk I/O
echo -e "\nDisk I/O:" >> $REPORT_FILE
sar -d | tail -5 >> $REPORT_FILE
# Network-Aktivität
echo -e "\nNetwork Activity:" >> $REPORT_FILE
sar -n DEV | grep -E "(IFACE|eth0|ens)" | tail -5 >> $REPORT_FILE
# Mail-Queue-Status
echo -e "\nMail Queue Status:" >> $REPORT_FILE
mailq | tail -1 >> $REPORT_FILE
```

```
# E-Mail an Admin senden

mail -s "Daily Mail Server Performance Report" admin@example.com < $REPORT_FILE
```

Cron-Job für tägliche Reports:

```
# Daily performance report at 8:00 AM

0 8 * * * /usr/local/bin/mail-server-report.sh
```

3.4 Proaktives Monitoring und Alerting

3.4.1 Monitoring-Tools Integration

Nagios-Plugin für E-Mail-Server:

```
# Installation check_postfix Plugin

sudo apt install monitoring-plugins-extra

# Postfix-Queue Monitoring

/usr/lib/nagios/plugins/check_mailq -w 10 -c 50

# Dovecot-Service Monitoring

/usr/lib/nagios/plugins/check_tcp -H localhost -p 993 -S
```

Zabbix-Template für E-Mail-Server-Monitoring:

```
{

"name": "Mail Server Monitoring",

"items": [

{

"name": "Postfix Queue Size",

"key": "system.run[mailq | grep -c '^[A-Z0-9]']",
```

```
"type": "0",
"delay": "60s"
},
{
"name": "Dovecot IMAP Connections",
"key": "net.tcp.service[imap,localhost,993]",
"type": "3",
"delay": "60s"
}
]
}
```

3.4.2 Automatisierte Alerting-Systeme

Bash-Script für kritische Alert-Erkennung:

```
#!/bin/bash
# /usr/local/bin/mail-server-alerts.sh
# Konfiguration
MAX_QUEUE_SIZE=100
MAX_CPU_USAGE=80
MAX_MEMORY_USAGE=85
ADMIN_EMAIL="admin@example.com"
# Queue-Größe prüfen
QUEUE_SIZE=$(mailq | grep -c '^[A-Z0-9]')
```

```
if [ "$QUEUE_SIZE" -gt "$MAX_QUEUE_SIZE" ]; then
echo "ALERT: Mail queue size is $QUEUE_SIZE (threshold: $MAX_QUEUE_SIZE)" | \
mail -s "URGENT: Mail Queue Alert" $ADMIN_EMAIL
fi
# CPU-Auslastung prüfen
CPU_USAGE=$(sar -u 1 1 | awk 'END{print 100-$8}' | cut -d. -f1)
if [ "$CPU_USAGE" -gt "$MAX_CPU_USAGE" ]; then
echo "ALERT: CPU usage is ${CPU_USAGE}% (threshold: $MAX_CPU_USAGE%)" | \
mail -s "URGENT: High CPU Usage Alert" $ADMIN_EMAIL
fi
# Memory-Nutzung prüfen
MEMORY_USAGE=$(free | awk '/^Mem:/{printf("%.0f", $3/$2 * 100)}')
if [ "$MEMORY_USAGE" -gt "$MAX_MEMORY_USAGE" ]; then
echo "ALERT: Memory usage is ${MEMORY_USAGE}% (threshold: $MAX_MEMORY_USAGE%)" | \
mail -s "URGENT: High Memory Usage Alert" $ADMIN_EMAIL
fi
# Service-Status prüfen
for SERVICE in postfix dovecot; do
if ! systemctl is-active—quiet $SERVICE; then
echo "ALERT: Service $SERVICE is not running" | \
```

mail -s "URGENT: Service Down Alert" $ADMIN_EMAIL

fi

done

IV. Troubleshooting-Flowchart und Diagnose-Prozesse

4.1 Systematische Problem-Diagnose

Die systematische Diagnose von E-Mail-Server-Problemen folgt einem strukturierten Ansatz, der von allgemeinen System-Checks zu spezifischen Service-Tests übergeht[20].

4.1.1 Troubleshooting-Flowchart

graph TD

A[Problem erkannt]—> B{System erreichbar?}

B—>|Nein| C[Netzwerk/Hardware prüfen]

B—>|Ja| D{Services laufen?}

D—>|Nein| E[Services starten]

D—>|Ja| F{Ports offen?}

F—>|Nein| G[Firewall prüfen]

F—>|Ja| H{Logs zeigen Fehler?}

H—>|Ja| I[Spezifische Fehlerbehandlung]

H—>|Nein| J{Performance-Problem?}

J—>|Ja| K[Ressourcen-Analyse]

J—>|Nein| L{Konfigurationsproblem?}

L—>|Ja| M[Config validieren]

L—>|Nein| N[Externe Faktoren prüfen]

C—> O[Problem gelöst?]

E—> O

G—> O

I—> O

K—> O

M—> O

N—> O

O—>|Nein| P[Eskalation/Support]

O—>|Ja| Q[Dokumentation aktualisieren]

4.1.2 Diagnose-Checkliste

Level 1 - Basis-System-Check:

1. System-Status

uptime

df -h

free -m

2. Service-Status

systemctl status postfix

systemctl status dovecot

systemctl status rsyslog

3. Network-Connectivity

```
netstat -tulpn | grep -E ':(25|993|995|587|465)'

telnet localhost 25
```

Level 2 - Service-spezifische Tests:

```
# 4. Postfix-Tests

postfix status

postqueue -p

echo "Test" | sendmail test@example.com

# 5. Dovecot-Tests

doveadm auth test user@example.com

telnet localhost 993

# 6. DNS-Tests

nslookup -type=MX example.com

dig TXT example.com
```

Level 3 - Performance und Security:

```
# 7. Performance-Analyse

iostat 1 5

vmstat 1 5

sar -u -r -n DEV

# 8. Security-Check

fail2ban-client status

grep "authentication failure" /var/log/auth.log
```

4.2 Häufige Fehlerszenarien und Lösungen

4.2.1 "Connection Refused" Probleme

Symptom: E-Mail-Clients können keine Verbindung zum Server herstellen.

Diagnose-Schritte:

```
# 1. Port-Status prüfen
sudo netstat -tulpn | grep :25
sudo netstat -tulpn | grep :993
# 2. Firewall-Status
sudo ufw status
sudo iptables -L
# 3. Service-Logs analysieren
sudo journalctl -u postfix -f
sudo journalctl -u dovecot -f
```

Typische Lösungen:

```
# Firewall-Regel hinzufügen
sudo ufw allow 25/tcp
sudo ufw allow 993/tcp
# Service neu starten
sudo systemctl restart postfix
sudo systemctl restart dovecot
# Konfiguration validieren
sudo postfix check
sudo doveconf -n
```

4.2.2 SSL/TLS-Zertifikatsprobleme

Fehler-Beispiel im Log:

postfix/smtpd[12345]: warning: TLS library problem: error:14094418:SSL routines:ssl3_read_bytes:tlsv1 alert unknown ca

Diagnose und Lösung:

1. Zertifikat-Status prüfen

openssl x509 -in /etc/postfix/server.crt -noout -dates

openssl verify -CAfile /etc/ssl/certs/ca-certificates.crt /etc/postfix/server.crt

2. Let's Encrypt Zertifikat erneuern

sudo certbot renew—dry-run

sudo certbot renew

3. Postfix SSL-Konfiguration aktualisieren

sudo postconf -e 'smtpd_tls_cert_file=/etc/letsencrypt/live/mail.example.com/fullchain.pem'

sudo postconf -e 'smtpd_tls_key_file=/etc/letsencrypt/live/mail.example.com/privkey.pem'

sudo systemctl reload postfix

V. Präventive Wartungsstrategien

5.1 Automatisierte Wartungsroutinen

Die Implementierung automatisierter Wartungsroutinen reduziert das Risiko menschlicher Fehler und stellt sicher, dass wichtige Wartungsaufgaben regelmäßig durchgeführt werden[21].

5.1.1 Tägliche Wartungsaufgaben

Script: /usr/local/bin/daily-mail-maintenance.sh

```
#!/bin/bash

# Tägliche automatisierte Wartung für E-Mail-Server

LOG_FILE="/var/log/mail-maintenance.log"

DATE=$(date '+%Y-%m-%d %H:%M:%S')

echo "[$DATE] Starting daily maintenance..." >> $LOG_FILE

# 1. Log-Rotation prüfen

if [ $(find /var/log -name "mail.log.*" -mtime +30 | wc -l) -gt 0 ]; then

find /var/log -name "mail.log.*" -mtime +30 -delete

echo "[$DATE] Old log files cleaned up" >> $LOG_FILE

fi

# 2. Temporäre Dateien bereinigen

find /tmp -name "postfix-*" -mtime +1 -delete

find /var/spool/postfix/tmp -type f -mtime +1 -delete

# 3. Queue-Statistiken erfassen

QUEUE_SIZE=$(mailq | grep -c '^[A-Z0-9]')

echo "[$DATE] Current queue size: $QUEUE_SIZE" >> $LOG_FILE

# 4. Disk-Space prüfen

DISK_USAGE=$(df /var/log | awk 'NR==2 {print $5}' | sed 's/%//')

if [ "$DISK_USAGE" -gt 85 ]; then

echo "[$DATE] WARNING: Disk usage at ${DISK_USAGE}%" >>
$LOG_FILE
```

```
mail -s "Disk Space Warning" admin@example.com < /dev/null

fi

# 5. Service-Healthcheck

for SERVICE in postfix dovecot; do

if ! systemctl is-active—quiet $SERVICE; then

echo "[$DATE] ERROR: $SERVICE is down, attempting restart" >> $LOG_FILE

systemctl restart $SERVICE

if systemctl is-active—quiet $SERVICE; then

echo "[$DATE] SUCCESS: $SERVICE restarted successfully" >> $LOG_FILE

else

echo "[$DATE] CRITICAL: Failed to restart $SERVICE" >> $LOG_FILE

mail -s "CRITICAL: Service Down" admin@example.com < /dev/null

fi

fi

done

echo "[$DATE] Daily maintenance completed" >> $LOG_FILE
```

5.1.2 Wöchentliche Wartungsaufgaben

Script: /usr/local/bin/weekly-mail-maintenance.sh

```
#!/bin/bash

# Wöchentliche Wartung für E-Mail-Server
```

```
# 1. Umfassendes System-Update (nur Sicherheitsupdates)
apt list—upgradable | grep -i security
if [ $? -eq 0 ]; then
unattended-upgrade -d
fi
# 2. Log-Analyse und Report
/usr/local/bin/generate-weekly-report.sh
# 3. Backup-Integrität prüfen
if [ -f "/backup/latest/postfix-config.tar.gz" ]; then
tar -tzf /backup/latest/postfix-config.tar.gz > /dev/null
if [ $? -eq 0 ]; then
echo "Backup integrity check passed"
else
echo "ALERT: Backup corruption detected" | mail -s "Backup Alert" admin@example.com
fi
fi
# 4. Performance-Trend-Analyse
sar -A -f /var/log/sysstat/sa$(date -d '7 days ago' +%d) > /tmp/performance-week.txt
if [ -s /tmp/performance-week.txt ]; then
mail -s "Weekly Performance Report" admin@example.com < /tmp/performance-week.txt
```

```
fi
```

5.2 Backup-Strategien und Disaster Recovery

5.2.1 Automatisierte Backup-Prozesse

Umfassendes Backup-Script:

```
#!/bin/bash

# /usr/local/bin/mail-server-backup.sh

BACKUP_DIR="/backup/mail-server"

DATE=$(date +%Y%m%d_%H%M%S)

BACKUP_PATH="$BACKUP_DIR/$DATE"

mkdir -p $BACKUP_PATH

# 1. Konfigurationsdateien

echo "Backing up configurations..."

tar czf "$BACKUP_PATH/postfix-config.tar.gz" /etc/postfix/

tar czf "$BACKUP_PATH/dovecot-config.tar.gz" /etc/dovecot/

tar czf "$BACKUP_PATH/ssl-certs.tar.gz" /etc/ssl/private/ /etc/ssl/certs/

# 2. Mail-Daten

echo "Backing up mail data..."

tar czf "$BACKUP_PATH/mail-data.tar.gz" /var/mail/ /home/vmail/

# 3. Logs (letzte 7 Tage)

echo "Backing up recent logs..."

find /var/log -name "*mail*" -mtime -7 -exec tar rf "$BACKUP_PATH/
mail-logs.tar" {} \;
```

```
gzip "$BACKUP_PATH/mail-logs.tar"

# 4. System-Informationen

echo "Saving system information..."

dpkg -l | grep -E "(postfix|dovecot)" > "$BACKUP_PATH/installed-packages.txt"

postconf -n > "$BACKUP_PATH/postfix-settings.txt"

doveconf -n > "$BACKUP_PATH/dovecot-settings.txt"

# 5. Backup-Integrität prüfen

echo "Verifying backup integrity..."

for file in "$BACKUP_PATH"/*.tar.gz; do

if ! tar -tzf "$file" > /dev/null 2>&1; then

echo "ERROR: Corrupt backup file $file"

exit 1

fi

done

# 6. Remote-Sync (optional)

# rsync -av "$BACKUP_PATH/" backup-server:/remote/backup/location/

echo "Backup completed successfully: $BACKUP_PATH"

# 7. Alte Backups bereinigen (älter als 30 Tage)

find "$BACKUP_DIR" -type d -mtime +30 -exec rm -rf {} \;
```

5.3 Compliance und Dokumentation

5.3.1 DSGVO-konforme Wartung

Für Betreiber in Deutschland sind spezielle Compliance-Anforderungen zu beachten[22]:

Datenschutz-Audit-Script:

```
#!/bin/bash

# DSGVO-Compliance Check für E-Mail-Server

echo "DSGVO Compliance Report - $(date)"

echo "========================================"

# 1. Verschlüsselung prüfen

echo -e "\n1. Verschlüsselungsstatus:"

postconf -d | grep -E "(tls|ssl)" | grep -E "(cert|key|security_level)"

# 2. Log-Retention prüfen

echo -e "\n2. Log-Aufbewahrungszeiten:"

find /var/log -name "*.log" -printf "%TY-%Tm-%Td %p\n" | sort

# 3. Benutzer-Authentifizierung

echo -e "\n3. Authentifizierungs-Methoden:"

doveconf auth_mechanisms

# 4. Zugriffsprotokolle

echo -e "\n4. Letzte Zugriffe (anonymisiert):"

grep "imap-login" /var/log/dovecot.log | tail -5 | sed 's/[0-9]\{1,3\}\.[0-9]\{1,3\}\.[0-9]\{1,3\}\.[0-9]\{1,3\}/[IP-ANONYMIZED]/
```

5.3.2 Wartungsdokumentation

Template für Wartungsberichte:

Mail Server Wartungsbericht

Datum: $(date)

Administrator: [Name]

System: [Hostname]

Durchgeführte Arbeiten

Updates

- [ ] System-Updates installiert

- [ ] Postfix aktualisiert auf Version: ___

- [ ] Dovecot aktualisiert auf Version: ___

- [ ] SSL-Zertifikate erneuert

Wartung

- [ ] Log-Dateien rotiert

- [ ] Temporäre Dateien bereinigt

- [ ] Queue bereinigt

- [ ] Performance-Checks durchgeführt

Probleme und Lösungen

[Beschreibung eventueller Probleme und deren Lösungen]

Empfehlungen

[Empfehlungen für zukünftige Wartung]

Nächste Wartung geplant für

Datum: [Nächster Termin]

VI. Fazit und Best Practices

Die erfolgreiche Wartung und das Troubleshooting von selbstgehosteten E-Mail-Servern erfordern einen systematischen, proaktiven Ansatz. Die Kombination aus automatisierten Überwachungssystemen, regelmäßigen manuellen Checks und einer strukturierten Problemlösungsstrategie bildet das Fundament für einen zuverlässigen E-Mail-Service[23].

6.1 Zentrale Erkenntnisse

Präventive Wartung ist kosteneffizienter: Proaktive Maßnahmen wie regelmäßige Updates, Monitoring und automatisierte Checks verhindern die meisten kritischen Ausfälle und reduzieren den Wartungsaufwand erheblich[24].

Strukturierte Problemdiagnose spart Zeit: Ein systematischer Troubleshooting-Ansatz mit klar definierten Diagnose-Schritten führt schneller zur Problemlösung als zufällige Reparaturversuche.

Umfassendes Monitoring ist essentiell: Die Kombination aus System-Monitoring (SAR), Log-Analyse (rsyslog) und Service-spezifischen Checks ermöglicht die Früherkennung von Problemen.

6.2 Empfohlene Wartungszyklen

Aufgabe	Häufigkeit	Tools/Methoden
Sicherheitsupdates	Wöchentlich	unattended-upgrades, apt
Log-Analyse	Täglich	rsyslog, logwatch
Performance-Monitoring	Kontinuierlich	SAR, iostat, netstat
Backup-Erstellung	Täglich	tar, rsync
Compliance-Audit	Monatlich	Custom Scripts
Vollständige System-Checks	Wöchentlich	Nagios, Zabbix

6.3 Kritische Erfolgsfaktoren

1. **Automatisierung:** Manuelle Prozesse sind fehleranfällig und zeitaufwändig
2. **Dokumentation:** Alle Änderungen und Probleme müssen dokumentiert werden

3. **Monitoring:** Kontinuierliche Überwachung aller kritischen Metriken
4. **Backup-Strategie:** Regelmäßige, getestete Backups sind unverzichtbar
5. **Compliance:** DSGVO-Anforderungen müssen kontinuierlich erfüllt werden

Die Investition in eine strukturierte Wartungsstrategie zahlt sich langfristig durch höhere Verfügbarkeit, bessere Performance und geringere Betriebskosten aus. E-Mail-Server sind kritische Infrastrukturkomponenten, die eine professionelle Herangehensweise an Wartung und Troubleshooting erfordern.

Fußnoten

[1] Dohost, "Monitoring Mail Server Logs: Postfix, Dovecot, and SpamAssassin," Juli 27, 2025, https://dohost.us/index.php/2025/07/27/monitoring-mail-server-logs-postfix-dovecot-and-spamassassin/

[2] Linode, "Troubleshooting Problems with Postfix, Dovecot, and MySQL," März 24, 2014, https://www.linode.com/docs/guides/troubleshooting-problems-with-postfix-dovecot-and-mysql/

[3] Dohost, "Basic Postfix Logging and Troubleshooting," Juli 27, 2025, https://dohost.us/index.php/2025/07/27/basic-postfix-logging-and-troubleshooting/

[4] Linux Audit, "Postfix Hardening Guide for Security and Privacy," März 12, 2025, https://linux-audit.com/postfix-hardening-guide-for-security-and-privacy/

[5] Dohost, "Building a Mail Server on Debian with Postfix and Dovecot," August 15, 2025, https://dohost.us/index.php/2025/08/15/building-a-mail-server-on-debian-with-postfix-and-dovecot/

[6] Linode, "How to Set up an Email Server using Postfix and Dovecot," Juni 12, 2023, https://www.linode.com/docs/guides/how-to-setup-an-email-server/

[7] Allan's Workshop, "Setting up an email server with postfix, dovecot, postfixadmin, and roundcube," https://www.drassal.net/wp/setting-up-an-email-server-with-postfix-dovecot-postfixadmin-and-roundcube/

[8] Linux Journal, "Setting Up a Secure Mail Server with Dovecot on Ubuntu Server," https://www.linuxjournal.com/content/setting-secure-mail-server-dovecot-ubuntu-server

[9] Bulktools, "Blacklist Checker 2025 - IP & Domain Reputation Analysis," Januar 1, 2025, https://bulktools.com/tools/blacklist-checker/

[10] Mailtrap, "Email IP Reputation Explained [2025]," August 2025, https://mailtrap.io/blog/email-ip-reputation/

[11] Litmus, "How to Fix Email Reputation and Improve Deliverability," September 20, 2024, https://www.litmus.com/blog/how-to-fix-email-reputation

[12] Mailmodo, "12 Expert Tips to Increase Email Deliverability in 2025," August 2025, https://www.mailmodo.com/guides/increase-email-deliverability/

[13] Github Linode Docs, "Troubleshooting Problems with Postfix, Dovecot, and MySQL," https://github.com/linode/docs/blob/develop/docs/guides/email/postfix/troubleshooting-problems-with-postfix-dovecot-and-mysql/index.md

[14] Server Fault, "Postfix/Dovecot can't send or receive mail," https://serverfault.com/questions/1084137/postfix-dovecot-cant-send-or-receive-mail

[15] DigitalOcean, "How To Set Up a Postfix E-Mail Server with Dovecot," November 14, 2013, https://www.digitalocean.com/community/tutorials/how-to-set-up-a-postfix-e-mail-server-with-dovecot

[16] Dohost, "Monitoring Mail Server Logs: Postfix, Dovecot, and SpamAssassin," Juli 27, 2025, https://dohost.us/index.php/2025/07/27/monitoring-mail-server-logs-postfix-dovecot-and-spamassassin/

[17] Rsyslog, "rsyslog - The rocket-fast system for log processing," https://www.rsyslog.com/

[18] Better Stack Community, "How to Collect, Process, and Ship Log Data with Rsyslog," https://betterstack.com/community/guides/logging/rsyslog-explained/

[19] GeeksforGeeks, "SAR command in Linux to monitor system performance," März 25, 2018, https://www.geeksforgeeks.org/sar-command-linux-monitor-system-performance/

[20] SigNoz, "10 Best Open Source Log Management Tools in 2025," Januar 2025, https://signoz.io/blog/open-source-log-management/

[21] Hyperping, "Best server monitoring tools in 2025," Januar 15, 2025, https://hyperping.com/blog/8-server-performance-monitoring-tools-to-consider-in-2025

[22] IONOS, "Mail-Server einrichten | Voraussetzungen und Anleitung," Juni 17, 2025, https://www.ionos.de/digitalguide/e-mail/e-mail-technik/e-mail-server-einrichten/

[23] Contabo, "Eigenen Mailserver einrichten: Anleitung & Setup-Beispiele," Februar 23, 2024, https://contabo.com/blog/de/eigener-mailserver/

[24] Mailserver Guru, "How to Self-Host an Email Server: Expert Guide [2025]," Mai 19, 2025, https://mailserverguru.com/self-host-email-server/

Kapitel IX. Fallbeispiele

Die theoretischen Grundlagen zur Einrichtung selbstgehosteter E-Mail-Server sind essenziell, doch die praktische Umsetzung erfolgt am besten durch konkrete Anwendungsszenarien. Dieses Kapitel präsentiert drei realistische Fallbeispiele, die unterschiedliche Anwendergruppen und deren spezifische Anforderungen abdecken: vom datenschutzbewussten Privatnutzer über das wachsende kleine Unternehmen bis hin zum Entwickler, der eine sichere Testumgebung benötigt. Jedes Szenario zeigt praxiserprobte Lösungswege auf, die den rechtlichen Anforderungen in Deutschland entsprechen und gleichzeitig technische Machbarkeit mit wirtschaftlicher Effizienz verbinden.

9.1 Fallbeispiel 1: Privatnutzer - Familiärer E-Mail-Server auf Raspberry Pi

9.1.1 Ausgangssituation und Motivation

Familie Müller aus Bayern besteht aus den Eltern Thomas (42) und Sandra (38) sowie den beiden Kindern Emma (16) und Lukas (14). Thomas arbeitet als selbstständiger Grafiker, Sandra ist angestellte Buchhalterin in einem mittelständischen Unternehmen. Bisher nutzten sie verschiedene kostenlose E-Mail-Anbieter wie Gmail und Web.de, doch die zunehmenden Datenschutzbedenken und die Abhängigkeit von großen Technologiekonzernen motivierten sie zum Wechsel.

Die Familie wünscht sich vollständige Kontrolle über ihre E-Mail-Kommunikation, insbesondere nach den Enthüllungen über Datensammlung durch US-amerikanische Anbieter.[1] Gleichzeitig soll die Lösung kostengünstig sein und nicht mehr als 50 Euro monatlich kosten. Thomas verfügt über grundlegende IT-Kenntnisse aus seinem Beruf, möchte aber keine komplexe Server-Administration betreiben.

9.1.2 Lösungsansatz: Docker Mailserver auf Raspberry Pi

Nach ausführlicher Recherche entschied sich die Familie für eine Lösung basierend auf einem Raspberry Pi 4 mit 8GB RAM und Docker Mailserver

(DMS). Diese Kombination bietet mehrere Vorteile: geringe Anschaffungskosten, niedriger Stromverbrauch und einfache Wartung.[2] Der Docker Mailserver ist eine "production-ready fullstack but simple mail server (SMTP, IMAP, LDAP, Anti-spam, Anti-virus, etc.)" Lösung, die speziell für solche Anwendungsfälle entwickelt wurde.[3]

Hardware-Ausstattung:

- Raspberry Pi 4 Model B (8GB RAM): 75€
- Samsung 980 SSD (500GB) mit USB 3.0 Adapter: 85€
- Offizielles Raspberry Pi Netzteil: 15€
- Gehäuse mit Lüfter: 25€
- **Gesamtkosten Hardware:** 200€

Software-Stack:

- Raspberry Pi OS Lite (64-bit)
- Docker und Docker Compose
- Docker Mailserver (DMS) als Hauptkomponente
- Let's Encrypt für SSL-Zertifikate
- Fail2ban für zusätzliche Sicherheit

9.1.3 Technische Implementierung

Die Installation erfolgte schrittweise über ein Wochenende. Thomas dokumentierte jeden Schritt für zukünftige Wartungsarbeiten:

Schritt 1: Hardware-Vorbereitung Thomas entschied sich bewusst gegen eine SD-Karte als Systemspeicher, da diese "definitely not suitable for continuous operation as system storage" sind und bei intensiver Nutzung versagen können.[4] Stattdessen installierte er das Betriebssystem auf der USB-SSD, was die Lebensdauer und Performance erheblich verbessert.

Schritt 2: Betriebssystem und Docker-Installation

Raspberry Pi OS Update

```
sudo apt update && sudo apt upgrade -y

# Docker Installation (2025 Standard)

sudo apt-get update

sudo apt-get install -y ca-certificates curl

sudo install -m 0755 -d /etc/apt/keyrings

sudo curl -fsSL https://download.docker.com/linux/debian/gpg \

-o /etc/apt/keyrings/docker.asc

sudo chmod a+r /etc/apt/keyrings/docker.asc

# Docker Repository hinzufügen und installieren

echo "deb [arch=$(dpkg—print-architecture) \

signed-by=/etc/apt/keyrings/docker.asc] \

https://download.docker.com/linux/debian \

$(. /etc/os-release && echo "$VERSION_CODENAME") stable" | \

sudo tee /etc/apt/sources.list.d/docker.list > /dev/null

sudo apt-get update

sudo apt-get install -y docker-ce docker-ce-cli containerd.io \

docker-buildx-plugin docker-compose-plugin
```

Schritt 3: DNS-Konfiguration Familie Müller registrierte die Domain familie-mueller.email bei einem deutschen Anbieter und konfigurierte die erforderlichen DNS-Einträge:

```
# MX Record

@ MX 10 mail.familie-mueller.email.
```

A Record für Mail-Server

mail A 192.0.2.100 # Externe IP-Adresse

SPF Record

@ TXT "v=spf1 mx ~all"

DMARC Record (initial auf Report-Modus)

_dmarc TXT "v=DMARC1; p=none; ruf=mailto:dmarc@familie-mueller.email"

9.1.4 Docker Mailserver Konfiguration

Die Konfiguration erfolgte über die offizielle Docker Mailserver Dokumentation, die "provides you not only with the basic setup and configuration of DMS but also with advanced configuration" bietet.[5]

docker-compose.yml:

version: '3.8'

services:

mailserver:

image: ghcr.io/docker-mailserver/docker-mailserver:latest

container_name: mailserver

hostname: mail.familie-mueller.email

env_file: mailserver.env

ports:

- "25:25" # SMTP

- "143:143" # IMAP

- "465:465" # SMTPS

- "587:587" # MSA

- "993:993" # IMAPS

volumes:

- ./docker-data/dms/mail-data/:/var/mail/

- ./docker-data/dms/mail-state/:/var/mail-state/

- ./docker-data/dms/mail-logs/:/var/log/mail/

- ./docker-data/dms/config/:/tmp/docker-mailserver/

- /etc/localtime:/etc/localtime:ro

- /etc/letsencrypt:/etc/letsencrypt:ro

restart: always

stop_grace_period: 1m

cap_add:

- NET_ADMIN

healthcheck:

test: "ss -lntp | grep -P ':25[[:space:]]+' || exit 1"

timeout: 3s

retries: 0

Umgebungsvariablen (mailserver.env):

Grundlegende Konfiguration

OVERRIDE_HOSTNAME=mail.familie-mueller.email

POSTMASTER_ADDRESS=thomas@familie-mueller.email

Sicherheitsfeatures

```
ENABLE_FAIL2BAN=1
ENABLE_SPAMASSASSIN=1
ENABLE_CLAMAV=1
ENABLE_MANAGESIEVE=1
# SSL-Konfiguration
SSL_TYPE=letsencrypt
# Anti-Spam und -Virus
SPAMASSASSIN_SPAM_TO_INBOX=0
SA_TAG=-5.0
SA_TAG2=2.0
SA_KILL=5.0
# Logging
DMS_DEBUG=0
REPORT_RECIPIENT=1
```

9.1.5 Benutzerkonten und E-Mail-Clients

Die Erstellung der E-Mail-Konten erfolgte über das DMS-Setup-Script:

```
# E-Mail-Konten erstellen
docker exec mailserver setup email add thomas@familie-mueller.email
docker exec mailserver setup email add sandra@familie-mueller.email
docker exec mailserver setup email add emma@familie-mueller.email
docker exec mailserver setup email add lukas@familie-mueller.email
# Familien-Alias erstellen
```

docker exec mailserver setup alias add familie@familie-mueller.email \

thomas@familie-mueller.email,sandra@familie-mueller.email

Für die E-Mail-Clients konfigurierte Thomas sowohl die Desktop-Programme (Thunderbird) als auch die mobilen Apps mit folgenden Einstellungen:

IMAP-Konfiguration:

- Server: mail.familie-mueller.email
- Port: 993
- Verschlüsselung: SSL/TLS
- Authentifizierung: Normales Passwort

SMTP-Konfiguration:

- Server: mail.familie-mueller.email
- Port: 465
- Verschlüsselung: SSL/TLS
- Authentifizierung: Normales Passwort

9.1.6 Datenschutz und DSGVO-Compliance

Als deutsche Familie unterliegt Familie Müller grundsätzlich der DSGVO, auch bei privater E-Mail-Nutzung im Familienkontext. Die gewählte Lösung bietet mehrere Vorteile:

Datenhoheit: Alle E-Mails verbleiben physisch in Deutschland und unterliegen deutschem Recht. "Die zentrale Speicherung der Daten erfolgt in klarer, unternehmenseinheitlicher Architektur" auf dem eigenen Server.[6]

Verschlüsselung: DMS implementiert standardmäßig TLS-Verschlüsselung für alle Verbindungen. Thomas konfigurierte zusätzlich opportunistische TLS für ausgehende E-Mails.

Keine Datensammlung: Im Gegensatz zu kommerziellen Anbietern werden keine Metadaten für Werbezwecke oder andere Geschäftszwecke gesammelt und ausgewertet.

Backup-Strategie: Thomas implementierte eine automatisierte Backup-Lösung:

```
#!/bin/bash

# Tägliches Backup-Script

DATE=$(date +%Y%m%d_%H%M%S)

tar -czf "/backup/mailserver_backup_$DATE.tar.gz" \

./docker-data/dms/

# Alte Backups nach 30 Tagen löschen

find /backup -name "mailserver_backup_*.tar.gz" \

-mtime +30 -delete
```

9.1.7 Wartung und Monitoring

Die laufende Wartung beschränkt sich auf wenige, automatisierte Aufgaben:

Automatische Updates: Thomas konfigurierte Watchtower für automatische Container-Updates:

```
watchtower:

image: containrrr/watchtower

volumes:

- /var/run/docker.sock:/var/run/docker.sock

command:—cleanup—schedule "0 2 * * *"
```

Log-Monitoring: Ein einfaches Script überwacht kritische Logs und sendet bei Problemen E-Mail-Benachrichtigungen:

```
#!/bin/bash

# Prüfung auf Failed-Login-Versuche
```

```
FAILED_LOGINS=$(docker logs mailserver 2>&1 | \
grep -c "authentication failed" | tail -1)
if [ "$FAILED_LOGINS" -gt 10 ]; then
echo "Warnung: $FAILED_LOGINS fehlgeschlagene Login-Versuche" | \
mail -s "Mailserver Sicherheitswarnung" thomas@familie-mueller.email
fi
```

9.1.8 Wirtschaftliche Betrachtung

Einmalige Kosten:

- Hardware: 200€
- Domain-Registrierung (2 Jahre): 40€
- **Gesamt:** 240€

Laufende Kosten (jährlich):

- Stromkosten (≈15W × 24h × 365 Tage × 0,32€/kWh): 42€
- Domain-Verlängerung: 20€
- Internetanschluss (Anteil für statische IP): 60€
- **Gesamt jährlich:** 122€

Vergleich mit kommerziellen Lösungen: Ein vergleichbarer Service für vier E-Mail-Konten mit eigener Domain würde bei deutschen Anbietern etwa 8-15€ monatlich kosten (96-180€ jährlich). Die Investition amortisiert sich bereits im zweiten Jahr, bei gleichzeitig höherer Datenschutz und Kontrolle.

9.1.9 Herausforderungen und Lösungsansätze

Deliverability-Probleme: Initial landeten ausgehende E-Mails häufig im Spam-Ordner. Thomas löste dies durch:

- Konfiguration von SPF, DKIM und DMARC
- Langsame Erhöhung der Versandmenge ("IP Warming")

- Aufbau einer positiven Sender-Reputation

Internet-Ausfälle: Bei Problemen mit dem Internetanschluss sind E-Mails temporär nicht erreichbar. Thomas konfigurierte eine automatische Weiterleitung über einen Backup-MX-Server eines befreundeten IT-Experten.

Komplexität für Familie: Sandra und die Kinder benötigten anfangs Unterstützung bei der Client-Konfiguration. Thomas erstellte bebilderte Anleitungen für alle verwendeten Geräte.

9.1.10 Fazit des ersten Fallbeispiels

Die Raspberry Pi-basierte E-Mail-Lösung erwies sich als praktikable Alternative für datenschutzbewusste Familien. Nach der initialen Lernkurve läuft das System weitgehend wartungsfrei. Familie Müller schätzt besonders die vollständige Kontrolle über ihre Daten und die Unabhängigkeit von großen Tech-Konzernen.

Die Lösung ist jedoch nicht für jeden geeignet: Technische Grundkenntnisse sind erforderlich, und bei kritischen Problemen muss eine Lösung selbst gefunden werden. Für Familien mit entsprechenden Kenntnissen oder Zugang zu technischer Unterstützung stellt sie jedoch eine kostengünstige und datenschutzfreundliche Alternative dar.

9.2 Fallbeispiel 2: Kleines Unternehmen - Skalierbare CRM-integrierte E-Mail-Lösung

9.2.1 Unternehmenskontext und Anforderungen

Die "Grüne Energie Beratung GmbH" mit Sitz in München ist ein wachsendes Beratungsunternehmen für erneuerbare Energien, gegründet 2019 von den Geschäftsführern Dr. Michael Weber und Dipl.-Ing. Sarah Klein. Das Unternehmen beschäftigt aktuell 12 Mitarbeiter und plant, bis Ende 2025 auf 25 Mitarbeiter zu wachsen. Zu den Kunden gehören Privathaushalte, kleine Handwerksbetriebe und mittelständische Industrieunternehmen.

Geschäftliche Herausforderungen: Das Unternehmen nutzte bisher Google Workspace, doch mit dem Wachstum stiegen sowohl die Kosten als auch die Datenschutzbedenken erheblich. Besonders kritisch wurde die Situation, als ein Großkunde aus der Automobilindustrie eine Zusammenarbeit von der DSGVO-konformen Datenverarbeitung abhängig machte.[7] Gleichzeitig benötigt das Vertriebsteam eine engere Integration zwischen E-Mail-Kommunikation und dem CRM-System.

Spezifische Anforderungen:

1. **DSGVO-Compliance:** Vollständige Datenhoheit und Verarbeitung in Deutschland
2. **Skalierbarkeit:** Unterstützung für 25+ Benutzer mit Wachstumspotential
3. **CRM-Integration:** Automatische Zuordnung von E-Mails zu Kundendatensätzen
4. **Collaboration:** Geteilte Kalender, Kontakte und Aufgaben
5. **Mobile Unterstützung:** Vollständige Funktionalität auf Smartphones/Tablets
6. **Backup und Archivierung:** GoBD-konforme E-Mail-Archivierung[8]
7. **Budget:** Maximal 25€ pro Benutzer monatlich

9.2.2 Lösungsarchitektur: Mailcow mit CRM-Integration

Nach eingehender Evaluierung verschiedener Optionen entschied sich das Unternehmen für eine Lösung basierend auf Mailcow als E-Mail-Server und der Integration mit einem DSGVO-konformen CRM-System. Mailcow ist "eine umfassende Open-Source-Mailserver-Suite, die auf Docker basiert" und "bietet E-Mail-Hosting, Kalender, Kontakte, Spam-/Virenschutz und mehr."[9]

Gewählte Komponenten:

- **E-Mail-Server:** Mailcow Dockerized auf dediziertem Server
- **CRM-System:** 1CRM (deutsche DSGVO-konforme Lösung)[10]
- **Hosting:** Dedicated Server bei deutschem Anbieter (Hetzner)
- **Backup:** Automatisierte Backups mit MailStore Server

- **Monitoring:** Professionelles Monitoring durch externen Dienstleister

9.2.3 Server-Infrastruktur und Hosting

Hardware-Spezifikation (Dedicated Server):

- CPU: Intel Xeon E5-1650 v3 (6 Cores, 3.5 GHz)
- RAM: 64GB DDR4
- Storage: 2x 1TB SSD (RAID 1)
- Netzwerk: 1 Gbit/s unbegrenzt
- Standort: Nürnberg, Deutschland
- Kosten: 89€ monatlich

Die Wahl eines deutschen Hosters war bewusst getroffen, da "DSGVO-konforme Speicherung und Verarbeitung Ihrer Daten auf Servern in Deutschland" erfolgen sollte.[11] Der dedizierte Server bietet ausreichend Reserven für das geplante Wachstum und ermöglicht vollständige Kontrolle über die Infrastruktur.

9.2.4 Mailcow Installation und Konfiguration

Die Installation erfolgte nach der offiziellen Mailcow-Dokumentation durch den IT-Leiter des Unternehmens in Zusammenarbeit mit einem externen Berater:

Schritt 1: Server-Vorbereitung

```
# Ubuntu 22.04 LTS Installation

apt update && apt upgrade -y

# Docker Installation (Mailcow 2025 Standard)

curl -fsSL https://get.docker.com -o get-docker.sh

sh get-docker.sh

systemctl enable—now docker
```

```
# Git und weitere Tools

apt install -y git curl vim htop
```

Schritt 2: Mailcow Download und Installation

```
# Mailcow Repository klonen

cd /opt

git clone https://github.com/mailcow/mailcow-dockerized

cd mailcow-dockerized

# Konfiguration generieren

./generate_config.sh

# Anpassung der mailcow.conf

vim mailcow.conf
```

Wichtige Konfigurationsparameter:

```
# mailcow.conf Auszug

MAILCOW_HOSTNAME=mail.gruene-energie-beratung.de

MAILCOW_TZ=Europe/Berlin

# Erweiterte Sicherheitseinstellungen

SKIP_LETS_ENCRYPT=n

ENABLE_SSL_SNI=y

SKIP_UNBOUND_HEALTHCHECK=n

# Performance-Optimierung

COMPOSE_PROJECT_NAME=mailcowdockerized

IPV4_NETWORK=172.22.1
```

IPV6_NETWORK=fd4d:6169:6c63:6f77::/64

Backup-Konfiguration

BACKUP_LOCATION=/var/backups/mailcow

Schritt 3: Domain-Konfiguration und DNS

MX Record

@ MX 10 mail.gruene-energie-beratung.de.

SPF Record (streng)

@ TXT "v=spf1 mx -all"

DMARC Record (strenge Policy nach Testphase)

_dmarc TXT "v=DMARC1; p=quarantine; rua=mailto:dmarc@gruene-energie-beratung.de; ruf=mailto:dmarc-f@gruene-energie-beratung.de; fo=1"

DKIM wird automatisch von Mailcow konfiguriert

9.2.5 CRM-Integration und Workflow-Optimierung

Die Integration zwischen Mailcow und 1CRM erfolgte über mehrere Mechanismen:

1. E-Mail-Parsing und automatische Zuordnung: 1CRM verfügt über "E-Mail-Parser automatisieren den Prozess der Dateneingabe durch das Extrahieren von Informationen aus eingehenden E-Mails."[12] Das System wurde so konfiguriert, dass eingehende E-Mails automatisch den entsprechenden Kundendatensätzen zugeordnet werden.

2. Mailbox-Integration:

// 1CRM E-Mail-Integration Konfiguration

$config['imap_server'] = 'mail.gruene-energie-beratung.de';

```
$config['imap_port'] = 993;

$config['imap_ssl'] = true;

$config['smtp_server'] = 'mail.gruene-energie-beratung.de';

$config['smtp_port'] = 587;

$config['smtp_auth'] = true;
```

3. Gemeinsame Adressbücher: Über CardDAV werden die CRM-Kontakte automatisch in allen E-Mail-Clients synchronisiert. Dies ermöglicht es den Mitarbeitern, direkt aus dem E-Mail-Client heraus auf die vollständigen Kundendaten zuzugreifen.

9.2.6 Benutzer- und Rechteverwaltung

Organisationsstruktur in Mailcow:

```
# Abteilungsübergreifende Verteilerlisten

docker exec -it mailcowdockerized_postfix-mailcow_1 \

setup email add geschaeftsfuehrung@gruene-energie-beratung.de

docker exec -it mailcowdockerized_postfix-mailcow_1 \

setup email add vertrieb@gruene-energie-beratung.de

docker exec -it mailcowdockerized_postfix-mailcow_1 \

setup email add technik@gruene-energie-beratung.de

# Benutzerkonten mit Quotas

docker exec -it mailcowdockerized_postfix-mailcow_1 \

setup quota set m.weber@gruene-energie-beratung.de 10G

docker exec -it mailcowdockerized_postfix-mailcow_1 \

setup quota set s.klein@gruene-energie-beratung.de 10G
```

```
# Mitarbeiter erhalten 5GB Standard-Quota
```

Berechtigungskonzept:

- **Domain-Administratoren:** Geschäftsführung (volle Kontrolle)
- **Abteilungsleiter:** Verwaltung der jeweiligen Team-Postfächer
- **Mitarbeiter:** Verwaltung des eigenen Postfachs und geteilter Kalender

9.2.7 DSGVO-konforme E-Mail-Archivierung

Für die gesetzlich vorgeschriebene E-Mail-Archivierung implementierte das Unternehmen MailStore Server als "leading Software Solution for Email Archiving" mit DSGVO-Compliance.[13]

MailStore Server Konfiguration:

```
<!—MailStore Server Archivierungsrichtlinie—>

<ArchivingProfile>

<Name>Geschaeftliche E-Mails</Name>

<Source>

<Type>IMAP</Type>

<Server>mail.gruene-energie-beratung.de</Server>

<Port>993</Port>

<SSL>true</SSL>

<Authentication>Login</Authentication>

</Source>

<RetentionPolicy>

<BusinessEmails>10Jahre</BusinessEmails>
```

```
<PersonalEmails>Ausgeschlossen</PersonalEmails>
</RetentionPolicy>
<GoBDCompliance>
<ImmutableStorage>true</ImmutableStorage>
<AuditTrail>true</AuditTrail>
<DigitalSignature>true</DigitalSignature>
</GoBDCompliance>
</ArchivingProfile>
```

Automatisierte Archivierung: Das System archiviert automatisch alle geschäftlichen E-Mails entsprechend der GoBD-Anforderungen. "E-Mails müssen vollständig, fehlerfrei und unverändert im Original abgespeichert werden."[14] MailStore erfüllt diese Anforderungen durch unveränderliche Speicherung mit digitalen Signaturen.

9.2.8 Performance-Monitoring und Wartung

Monitoring-Setup: Das Unternehmen implementierte ein umfassendes Monitoring mit Benachrichtigungen:

```
# Prometheus Monitoring für Mailcow
version: '3'
services:
prometheus:
image: prom/prometheus
ports:
- "9090:9090"
```

volumes:

- ./prometheus.yml:/etc/prometheus/prometheus.yml

command:

- '—config.file=/etc/prometheus/prometheus.yml'

- '—storage.tsdb.path=/prometheus'

grafana:

image: grafana/grafana

ports:

- "3000:3000"

environment:

- GF_SECURITY_ADMIN_PASSWORD=secure_password

volumes:

- grafana-storage:/var/lib/grafana

Wartungsroutinen:

#!/bin/bash

Tägliche Wartungsroutine

cd /opt/mailcow-dockerized

System-Updates prüfen

./update.sh—check

Backup-Verifizierung

docker exec mailcowdockerized_mysql-mailcow_1 \

mysqldump—all-databases > /var/backups/mysql_backup.sql

```
# Log-Rotation
docker exec mailcowdockerized_rspamd-mailcow_1 \
logrotate /etc/logrotate.conf
# Festplattenplatz überwachen
DISK_USAGE=$(df / | awk 'NR==2 {print $5}' | sed 's/%//')
if [ $DISK_USAGE -gt 85 ]; then
echo "Warnung: Festplattennutzung bei ${DISK_USAGE}%" | \
mail -s "Server-Warnung" admin@gruene-energie-beratung.de
fi
```

9.2.9 Sicherheitsmaßnahmen und Compliance

Netzwerksicherheit:

```
# UFW Firewall Konfiguration
ufw default deny incoming
ufw default allow outgoing
# Mailcow-spezifische Ports
ufw allow 25/tcp # SMTP
ufw allow 110/tcp # POP3
ufw allow 143/tcp # IMAP
ufw allow 465/tcp # SMTPS
ufw allow 587/tcp # Submission
ufw allow 993/tcp # IMAPS
ufw allow 995/tcp # POP3S
```

ufw allow 4190/tcp # ManageSieve

ufw allow 443/tcp # HTTPS

ufw allow 80/tcp # HTTP (für Let's Encrypt)

SSH nur von Büro-IP

ufw allow from 203.0.113.0/24 to any port 22

ufw enable

Backup-Strategie:

- **Tägliche Backups:** Vollständige Sicherung aller E-Mails und Konfigurationen
- **Wöchentliche Backups:** Systemvollbackup auf externe Festplatte
- **Monatliche Backups:** Offsite-Backup in deutsches Rechenzentrum
- **Backup-Test:** Quartalsweise Wiederherstellungstests

DSGVO-Compliance-Maßnahmen:

1. **Datenschutz-Folgenabschätzung (DSFA)** wurde durchgeführt
2. **Auftragsverarbeitungsvertrag (AVV)** mit Hosting-Anbieter
3. **Löschkonzept** für personenbezogene Daten implementiert
4. **Mitarbeiter-Schulungen** zu Datenschutz durchgeführt
5. **Dokumentation** aller Verarbeitungstätigkeiten

9.2.10 Wirtschaftliche Analyse

Implementierungskosten:

- Dedicated Server (Setup): 150€
- Externe Beratung (40h): 4.000€
- MailStore Server Lizenz (12 User): 1.200€
- 1CRM Professional (12 User): 600€ jährlich
- SSL-Zertifikat und Domain: 100€
- **Gesamt Implementierung:** 6.050€

Laufende Kosten (monatlich):

- Dedicated Server: 89€
- 1CRM Lizenzen: 50€
- MailStore Wartung: 25€
- Externe Administration (4h): 400€
- **Gesamt monatlich:** 564€ (47€ pro Benutzer)

Einsparungen gegenüber Google Workspace:

- Google Workspace Business Standard: 12,60€ × 12 Benutzer = 151,20€ monatlich
- Zusätzliche CRM-Kosten bei externer Lösung: ~200€ monatlich
- **Geschätzte externe Kosten:** 351,20€ monatlich

ROI-Berechnung: Trotz höherer initialer Kosten amortisiert sich die Investition durch bessere CRM-Integration, vollständige DSGVO-Compliance und die Vermeidung von Datenschutz-Bußgeldern. Das Unternehmen schätzt die Wertsteigerung durch verbesserte Kundenbeziehungen auf etwa 2.000€ monatlich.

9.2.11 Herausforderungen und Lösungsstrategien

Migration komplexer E-Mail-Historien: Die Migration von Google Workspace stellte sich als komplex heraus, da 5 Jahre E-Mail-Historie übertragen werden mussten. Die Lösung erfolgte über ein mehrstufiges Verfahren:

```
# Migration mit imapsync

for user in $(cat user_list.txt); do

imapsync \

—host1 imap.gmail.com—ssl1—user1 $user@gruene-energie-beratung.de \

—password1 "$(cat passwords/$user.txt)" \
```

—host2 mail.gruene-energie-beratung.de—ssl2 \

—user2 $user@gruene-energie-beratung.de \

—password2 "$(cat new_passwords/$user.txt)" \

—exclude "All Mail|Spam|Trash" \

—nofoldersizes—useuid

done

Benutzerakzeptanz und Schulung: Der Wechsel von der gewohnten Google-Oberfläche zu Mailcow/SOGo erforderte intensive Schulungen. Das Unternehmen entwickelte:

- Video-Tutorials für alle wichtigen Funktionen
- Gedruckte Quick-Reference-Guides
- Wöchentliche Sprechstunden für technische Fragen
- Peer-to-Peer-Support zwischen technikaffineren und weniger erfahrenen Mitarbeitern

Komplexität der CRM-Integration: Die initiale CRM-Integration erforderte individualisierte Entwicklungsarbeit. Das Unternehmen beauftragte einen lokalen Entwickler mit der Erstellung von:

- Automatischen Workflow-Regeln für E-Mail-Kategorisierung
- Custom APIs für bidirektionale Datensynchronisation
- Benutzerdefinierten Dashboards für Vertriebsanalysen

9.2.12 Skalierung und Zukunftsplanung

Geplante Erweiterungen für 2025:

1. **VoIP-Integration:** Anbindung der Telefonie an CRM und E-Mail
2. **Mobile Apps:** Entwicklung einer Corporate App für iOS/Android
3. **KI-Unterstützung:** Implementation von KI-basierter E-Mail-Kategorisierung

4. **Disaster Recovery:** Aufbau eines zweiten Standorts für Hochverfügbarkeit

Skalierungskonzept: Die aktuelle Infrastruktur ist auf 50 Benutzer ausgelegt. Bei weiterem Wachstum ist geplant:

- **50-100 Benutzer:** Upgrade auf leistungsstärkeren Dedicated Server
- **100+ Benutzer:** Migration auf Cluster-Lösung mit mehreren Servern
- **Enterprise-Level:** Professioneller Managed Service oder eigenes Rechenzentrum

9.2.13 Fazit des zweiten Fallbeispiels

Die Mailcow-basierte Lösung mit CRM-Integration erwies sich als strategisch richtige Entscheidung für die Grüne Energie Beratung GmbH. Trotz höherer initialer Komplexität und Kosten überwiegen die Vorteile deutlich:

Erfolge:

- **100% DSGVO-Compliance** ohne Abhängigkeit von US-Unternehmen
- **Verbesserte Kundenkommunikation** durch CRM-Integration
- **Kosteneffizienz** bei Skalierung auf mehr als 20 Benutzer
- **Datenschutz als Wettbewerbsvorteil** bei Geschäftskundenakquise

Kritische Erfolgsfaktoren:

- Engagement der Geschäftsführung für das Projekt
- Investition in externe Expertise für komplexe Konfigurationen
- Umfassende Mitarbeiterschulung und Change Management
- Kontinuierliche Wartung und Monitoring

Empfehlungen für ähnliche Unternehmen: Diese Lösung ist besonders geeignet für Unternehmen mit 15-100 Mitarbeitern, die:

- Hohe Datenschutzanforderungen haben
- Intensive CRM-Nutzung betreiben
- Bereit sind, in initiale Komplexität zu investieren
- Über IT-Kenntnisse verfügen oder externe Unterstützung beauftragen können

---

9.3 Fallbeispiel 3: Entwickler - Sichere SMTP-Testumgebung mit MailSlurper

9.3.1 Entwicklerkontext und Anforderungen

Lisa Hoffmann ist Senior Software Entwicklerin bei einem Münchner Fintech-Startup und entwickelt eine moderne Banking-Anwendung mit umfangreichen E-Mail-Funktionalitäten. Zu ihren Verantwortlichkeiten gehören Transaktionsbenachrichtigungen, Zwei-Faktor-Authentifizierung via E-Mail, automatisierte Reports und Marketing-E-Mails.

Entwicklungsherausforderungen: Bisher nutzte das Entwicklungsteam verschiedene unzureichende Lösungen für E-Mail-Tests:

- **Produktions-E-Mail-Server:** Risiko versehentlicher E-Mail-Versendung an echte Kunden
- **Gmail-Testkonten:** Aufwendige Verwaltung unzähliger Testkonten, DSGVO-Problematik
- **Lokale Sendmail-Installation:** Komplexe Konfiguration, requires root access
- **Online-Testdienste:** Sicherheitsbedenken bei sensiblen Bankdaten

Spezifische Entwickleranforderungen:

1. **Sicherheit:** Keine E-Mails dürfen das Testsystem verlassen
2. **Einfachheit:** Setup ohne Systemadministrator-Rechte
3. **Realitätsnähe:** Vollständige SMTP-Kompatibilität für realistische Tests
4. **Team-Tauglichkeit:** Mehrere Entwickler sollen parallel arbeiten

können

5. **Debugging:** Detaillierte Einsicht in E-Mail-Inhalte und -Headers
6. **CI/CD-Integration:** Automatisierte Tests in der Build-Pipeline
7. **Compliance:** DSGVO-konforme Entwicklung ohne externe Datenübertragung

9.3.2 MailSlurper als Lösung

Nach Evaluierung verschiedener Tools entschied sich Lisa für MailSlurper, einen "100% free and open-source mail server" der speziell für Entwicklungszwecke konzipiert wurde.[15] MailSlurper ist "perfect for individual developers or small teams writing mail-enabled applications that wish to test email functionality without the risk or hassle of installing and configuring a full-blown email server."[16]

Vorteile von MailSlurper:

- **Sicherheit:** E-Mails verlassen niemals das lokale System
- **Keine Root-Rechte:** Läuft komplett im Userspace
- **Webinterface:** "Responsive web-based admin panel" für komfortable Bedienung[17]
- **Multi-Platform:** Unterstützt Windows, macOS und Linux
- **Leichtgewichtig:** Minimale Systemanforderungen
- **Entwicklerfreundlich:** REST-API für Automatisierung

9.3.3 Lokale Entwicklungsumgebung Setup

System-Spezifikationen (Lisa's Entwicklungsrechner):

- OS: Ubuntu 22.04 LTS
- CPU: AMD Ryzen 7 5800X
- RAM: 32GB DDR4
- IDE: IntelliJ IDEA Ultimate mit Spring Boot
- Tech-Stack: Java 21, Spring Boot 3.2, PostgreSQL 15

MailSlurper Installation:

```
# Download der neuesten Version

cd ~/dev-tools

wget https://github.com/mailslurper/mailslurper/releases/latest/download/mailslurper-linux-amd64.tar.gz

# Extraktion

tar -xzf mailslurper-linux-amd64.tar.gz

cd mailslurper

# Konfigurationsdatei anpassen

vim config.json
```

Optimierte MailSlurper-Konfiguration:

```
{
"wwwAddress": "localhost",
"wwwPort": 8080,
"serviceAddress": "localhost",
"servicePort": 8085,
"smtpAddress": "localhost",
"smtpPort": 2500,
"dbEngine": "SQLite",
"dbHost": "",
"dbPort": 0,
"dbDatabase": "./mailslurper.db",
"dbUserName": "",
```

```
"dbPassword": "",
"maxWorkers": 1000,
"autoStartBrowser": false,
"keyFile": "",
"certFile": "",
"adminKeyFile": "",
"adminCertFile": "",
"authenticationScheme": "",
"authSecret": "",
"authTimeoutInMinutes": 120,
"credentials": {}
}
```

Automatisierter Start:

```
#!/bin/bash
# mailslurper-start.sh
cd ~/dev-tools/mailslurper
./mailslurper &
echo "MailSlurper gestartet auf http://localhost:8080"
echo "SMTP Server läuft auf localhost:2500"
# Warten bis Service verfügbar
sleep 2
curl -s http://localhost:8085/version && echo "✓ MailSlurper bereit"
```

9.3.4 Spring Boot Application Integration

E-Mail-Konfiguration in application-dev.yml:

```
spring:
profiles: dev
mail:
host: localhost
port: 2500
username: ""
password: ""
properties:
mail:
smtp:
auth: false
starttls:
enable: false
ssl:
enable: false
debug: true
# Custom Properties für Testing
banking-app:
mail:
from: "noreply@fintech-startup.local"
```

```
test-mode: true
template-path: "classpath:mail-templates/"
```

E-Mail-Service Implementation:

```
@Service
@Profile("dev")
public class DevelopmentMailService implements MailService {
@Autowired
private JavaMailSender mailSender;
@Value("${banking-app.mail.from}")
private String fromAddress;
@Override
public void sendTransactionNotification(String recipient,
TransactionDetails transaction) {
try {
MimeMessage message = mailSender.createMimeMessage();
MimeMessageHelper helper = new MimeMessageHelper(message, true,
"UTF-8");
helper.setFrom(fromAddress);
helper.setTo(recipient);
helper.setSubject("Transaktion: " + transaction.getAmount() + "€");
// Template-basierte E-Mail-Generierung
String htmlContent = generateTransactionHtml(transaction);
```

```
helper.setText(htmlContent, true);
mailSender.send(message);
// Development-spezifisches Logging
log.info("� E-Mail gesendet an {} (MailSlurper)", recipient);
log.debug("� Transaktion: {} -> {}",
transaction.getFromAccount(),
transaction.getToAccount());
} catch (Exception e) {
log.error("� E-Mail-Versand fehlgeschlagen", e);
throw new MailException("E-Mail konnte nicht versendet werden", e);
}
}
// Weitere E-Mail-Typen...
@Override
public void sendTwoFactorCode(String recipient, String code) {
// 2FA-E-Mail Implementation
}
@Override
public void sendMonthlyStatement(String recipient, StatementData data) {
// Kontoauszug-E-Mail Implementation
}
}
```

9.3.5 Automatisierte Tests mit MailSlurper API

MailSlurper bietet eine REST-API für automatisierte Tests, die Lisa extensiv für Unit- und Integrationstests nutzt:

MailSlurper Test Utility Class:

```
@Component

@TestProfile

public class MailSlurperTestHelper {

private static final String MAILSLURPER_API = "http://localhost:8085";

private final RestTemplate restTemplate = new RestTemplate();

public List<EmailMessage> getAllEmails() {

ResponseEntity<EmailMessage[]> response = restTemplate.getForEntity(

MAILSLURPER_API + "/mail",

EmailMessage[].class

);

return Arrays.asList(response.getBody());

}

public EmailMessage getLatestEmail() {

List<EmailMessage> emails = getAllEmails();

return emails.isEmpty() ? null : emails.get(0);

}

public List<EmailMessage> getEmailsByRecipient(String recipient) {

return getAllEmails().stream()
```

```
.filter(email -> email.getToAddress().contains(recipient))
.collect(Collectors.toList());
}
public void clearAllEmails() {
restTemplate.delete(MAILSLURPER_API + "/mail");
}
public boolean waitForEmail(String recipient, int timeoutSeconds) {
for (int i = 0; i < timeoutSeconds; i++) {
if (!getEmailsByRecipient(recipient).isEmpty()) {
return true;
}
try {
Thread.sleep(1000);
} catch (InterruptedException e) {
Thread.currentThread().interrupt();
return false;
}
}
return false;
}
}
```

Integration Test Beispiel:

```
@SpringBootTest(webEnvironment =
SpringBootTest.WebEnvironment.RANDOM_PORT)
@TestPropertySource(locations = "classpath:application-test.properties")
public class TransactionNotificationIntegrationTest {
@Autowired
private TransactionService transactionService;
@Autowired
private MailSlurperTestHelper mailHelper;
@BeforeEach
void setUp() {
// E-Mail-Inbox vor jedem Test leeren
mailHelper.clearAllEmails();
}
@Test
@DisplayName("Transaktionsbenachrichtigung wird korrekt versendet")
void testTransactionNotification() {
// Given
String recipient = "test.kunde@example.com";
TransactionRequest request = TransactionRequest.builder()
.fromAccount("DE89370400440532013000")
.toAccount("DE89370400440532013001")
.amount(new BigDecimal("150.00"))
```

```
.reference("Test-Überweisung")
.build();
// When
Long transactionId = transactionService.processTransaction(request);
// Then
assertTrue(mailHelper.waitForEmail(recipient, 10),
"E-Mail sollte innerhalb von 10 Sekunden ankommen");
List<EmailMessage> emails = mailHelper.getEmailsByRecipient(recipient);
assertEquals(1, emails.size(), "Genau eine E-Mail sollte versendet werden");
EmailMessage email = emails.get(0);
assertThat(email.getSubject()).contains("Transaktion: 150,00€");
assertThat(email.getHtmlBody()).contains("DE89370400440532013000");
assertThat(email.getHtmlBody()).contains("Test-Überweisung");
// Header-Validierung
assertThat(email.getHeaders()).containsKey("Message-ID");
assertThat(email.getHeaders()).containsKey("Date");
}
@Test
@DisplayName("2FA-Code wird mit korrektem Format versendet")
void testTwoFactorAuthentication() {
// Given
String phoneNumber = "+4915123456789 0";
```

```
String email = "test@example.com";
// When
authService.initiateTwoFactorAuth(phoneNumber, email);
// Then
assertTrue(mailHelper.waitForEmail(email, 5));
EmailMessage twoFactorEmail = mailHelper.getLatestEmail();
assertThat(twoFactorEmail.getSubject()).contains("Sicherheitscode");
// Code-Format validieren (6 Ziffern)
String emailBody = twoFactorEmail.getTextBody();
Pattern codePattern = Pattern.compile("\\b\\d{6}\\b");
Matcher matcher = codePattern.matcher(emailBody);
assertTrue(matcher.find(), "6-stelliger Code sollte in E-Mail enthalten sein");
String extractedCode = matcher.group();
assertEquals(6, extractedCode.length());
}
@Test
@DisplayName("HTML-Template wird korrekt gerendert")
void testEmailTemplateRendering() {
// Given
StatementData statement = createTestStatementData();
String recipient = "kunde@example.com";
// When
```

```
statementService.sendMonthlyStatement(recipient, statement);

// Then

assertTrue(mailHelper.waitForEmail(recipient, 10));

EmailMessage email = mailHelper.getLatestEmail();

String htmlContent = email.getHtmlBody();

// Template-spezifische Validierungen

assertThat(htmlContent).contains("<!DOCTYPE html>");

assertThat(htmlContent).contains("Kontoauszug");

assertThat(htmlContent).contains(statement.getAccountNumber());

// CSS-Styles vorhanden

assertThat(htmlContent).contains("color:");

assertThat(htmlContent).contains("font-family:");

// Responsive Design Check

assertThat(htmlContent).contains("@media");

}

}
```

9.3.6 CI/CD Pipeline Integration

Lisa integrierte MailSlurper in die GitLab CI/CD Pipeline für automatisierte E-Mail-Tests:

.gitlab-ci.yml E-Mail-Test Stage:

```
stages:

- build
```

```
- test
- email-tests
- deploy
variables:
MAILSLURPER_VERSION: "1.14.1"
email-tests:
stage: email-tests
image: openjdk:21-jdk-slim
services:
- postgres:15-alpine
variables:
POSTGRES_DB: bankapp_test
POSTGRES_USER: testuser
POSTGRES_PASSWORD: testpass
before_script:
# MailSlurper Setup
- apt-get update && apt-get install -y wget curl
- wget -q https://github.com/mailslurper/mailslurper/releases/download/v${MAILSLURPER_VERSION}/mailslurper-linux-amd64.tar.gz
- tar -xzf mailslurper-linux-amd64.tar.gz
- cd mailslurper && ./mailslurper &
- cd ..
```

```
# Warten bis MailSlurper bereit
- timeout 30 bash -c 'until curl -s http://localhost:8085/version; do sleep 1; done'
- echo "✓ MailSlurper ist bereit"
script:
- ./gradlew test—tests "*EmailTest*"
- ./gradlew test—tests "*NotificationTest*"
- ./gradlew integrationTest
after_script:
# MailSlurper-Logs für Debugging
- pkill -f mailslurper || true
artifacts:
reports:
junit: build/test-results/test/*.xml
paths:
- build/test-results/
expire_in: 1 week
only:
- merge_requests
- main
- develop
```

Erweiterte Pipeline mit E-Mail-Delivery-Tests:

```
email-delivery-test:
stage: email-tests
script:
- ./gradlew bootRun—args="—spring.profiles.active=test" &
- APP_PID=$!
- sleep 30 # App-Start abwarten
# Verschiedene E-Mail-Szenarien testen
- curl -X POST http://localhost:8080/api/test/send-transaction-email
- curl -X POST http://localhost:8080/api/test/send-2fa-email
- curl -X POST http://localhost:8080/api/test/send-statement-email
# MailSlurper API für Validierung nutzen
- |
EMAIL_COUNT=$(curl -s http://localhost:8085/mail | jq 'length')
if [ "$EMAIL_COUNT" -ne "3" ]; then
echo "� Erwartet: 3 E-Mails, Erhalten: $EMAIL_COUNT"
exit 1
fi
echo "✓ Alle E-Mails erfolgreich versendet"
- kill $APP_PID
```

9.3.7 Team-Entwicklung und Kollaboration

Shared MailSlurper Setup: Für die Teamarbeit implementierte Lisa ein gemeinsames MailSlurper-Setup, das auf einem internen Entwicklungsserver läuft:

Docker Compose für Team-MailSlurper:

version: '3.8'

services:

mailslurper:

image: oryd/mailslurper:latest-smtps

ports:

- "8080:8080" # Web Interface

- "8085:8085" # API

- "2500:2500" # SMTP

volumes:

- mailslurper_data:/var/lib/mailslurper

- ./config.json:/etc/mailslurper/config.json

networks:

- dev-network

restart: unless-stopped

labels:

- "traefik.enable=true"

-

"traefik.http.routers.mailslurper.rule=Host(`mailslurper.dev.fintech-startup.local`)"

- "traefik.http.routers.mailslurper.tls=true"

```
traefik:
image: traefik:v3.0
ports:
- "80:80"
- "443:443"
volumes:
- /var/run/docker.sock:/var/run/docker.sock:ro
- ./traefik.yml:/etc/traefik/traefik.yml
networks:
- dev-network
volumes:
mailslurper_data:
networks:
dev-network:
driver: bridge
```

Team-Konfiguration mit Namespacing:

```
{
"wwwAddress": "0.0.0.0",
"wwwPort": 8080,
"serviceAddress": "0.0.0.0",
"servicePort": 8085,
"smtpAddress": "0.0.0.0",
```

```
"smtpPort": 2500,
"dbEngine": "SQLite",
"dbDatabase": "/var/lib/mailslurper/team.db",
"maxWorkers": 2000,
"autoStartBrowser": false,
"authenticationScheme": "basic",
"authSecret": "dev-team-secret-2025",
"credentials": {
"lisa.hoffmann": "dev123",
"max.mueller": "dev456",
"anna.schmidt": "dev789"
}
}
```

9.3.8 Advanced Testing Scenarios

Load Testing für E-Mail-Performance:

```
@Test
@DisplayName("E-Mail-System bewältigt Bulk-Versendung")
void testBulkEmailSending() {
// Given
List<String> recipients = IntStream.range(1, 101)
.mapToObj(i -> "test" + i + "@example.com")
.collect(Collectors.toList());
```

```
mailHelper.clearAllEmails();
// When - 100 E-Mails parallel versenden
StopWatch stopWatch = new StopWatch();
stopWatch.start();
recipients.parallelStream().forEach(recipient -> {
TransactionRequest request = createTestTransaction();
transactionService.processTransaction(request, recipient);
});
stopWatch.stop();
// Then
// Alle E-Mails sollten innerhalb 30 Sekunden ankommen
await().atMost(30, TimeUnit.SECONDS).until(() ->
mailHelper.getAllEmails().size() == 100);
List<EmailMessage> allEmails = mailHelper.getAllEmails();
assertEquals(100, allEmails.size());
// Performance-Assertion
assertThat(stopWatch.getTotalTimeMillis())
.isLessThan(10000L) // Unter 10 Sekunden
.describedAs("Bulk-Versendung sollte unter 10s dauern");
// Duplikate prüfen
Set<String> uniqueRecipients = allEmails.stream()
.map(EmailMessage::getToAddress)
```

```
.collect(Collectors.toSet());
assertEquals(100, uniqueRecipients.size(), "Keine doppelten E-Mails");
log.info("� 100 E-Mails in {}ms versendet",
stopWatch.getTotalTimeMillis());
}
```

Template-Error Handling Tests:

```
@Test
@DisplayName("Defekte Templates werden graceful behandelt")
void testMalformedTemplateHandling() {
// Given - Template mit syntaktischem Fehler
TemplateData brokenTemplate = TemplateData.builder()
.recipientName("{{user.name}}") // Syntax Error: fehlende Klammer
.accountBalance("{{account.balance}")
.build();
// When & Then
assertThatThrownBy(() -> {
mailService.sendAccountUpdate("test@example.com", brokenTemplate);
})
.isInstanceOf(TemplateRenderingException.class)
.hasMessageContaining("Template syntax error");
// Kein E-Mail sollte versendet werden
List<EmailMessage> emails = mailHelper.getAllEmails();
```

```
assertEquals(0, emails.size(), "Keine E-Mail bei Template-Fehler");

}
```

9.3.9 Monitoring und Debugging

MailSlurper Monitoring Dashboard: Lisa entwickelte ein einfaches Monitoring-Dashboard mit Spring Boot Actuator und MailSlurper API:

```
@RestController

@RequestMapping("/dev/mail-monitoring")

public class MailMonitoringController {

private final MailSlurperTestHelper mailSlurper;

@GetMapping("/stats")

public Map<String, Object> getEmailStats() {

List<EmailMessage> emails = mailSlurper.getAllEmails();

Map<String, Long> recipientStats = emails.stream()

.collect(Collectors.groupingBy(

EmailMessage::getToAddress,

Collectors.counting()

));

Map<String, Long> hourlyStats = emails.stream()

.collect(Collectors.groupingBy(

email -> email.getDateSent().format(DateTimeFormatter.ofPattern("HH")),

Collectors.counting()

));
```

```
return Map.of(
"totalEmails", emails.size(),
"uniqueRecipients", recipientStats.size(),
"recipientBreakdown", recipientStats,
"hourlyBreakdown", hourlyStats,
"lastEmailTime", emails.isEmpty() ? null :
emails.get(0).getDateSent(),
"avgEmailsPerHour", calculateAverageEmailsPerHour(emails)
);
}
@GetMapping("/health")
public Map<String, Object> getMailSlurperHealth() {
try {
mailSlurper.getAllEmails(); // API-Verfügbarkeit testen
return Map.of(
"status", "UP",
"timestamp", Instant.now(),
"apiResponsive", true
);
} catch (Exception e) {
return Map.of(
"status", "DOWN",
```

```
"timestamp", Instant.now(),
"apiResponsive", false,
"error", e.getMessage()
);
}
}
@DeleteMapping("/cleanup")
public Map<String, Object> cleanupOldEmails() {
int initialCount = mailSlurper.getAllEmails().size();
mailSlurper.clearAllEmails();
return Map.of(
"deletedEmails", initialCount,
"timestamp", Instant.now(),
"message", "E-Mail-Inbox bereinigt"
);
}
}
```

9.3.10 Sicherheit und Compliance

Lokale Datenschutz-Maßnahmen: Da das Fintech-Unternehmen mit sensiblen Finanzdaten arbeitet, implementierte Lisa zusätzliche Sicherheitsmaßnahmen:

```
#!/bin/bash
```

```
# secure-mailslurper.sh - Sicherheits-Setup für Entwicklung

# MailSlurper nur auf Localhost binden

sed -i 's/"wwwAddress": "0.0.0.0"/"wwwAddress": "localhost"/' config.json

sed -i 's/"serviceAddress": "0.0.0.0"/"serviceAddress": "localhost"/' config.json

sed -i 's/"smtpAddress": "0.0.0.0"/"smtpAddress": "localhost"/' config.json

# Firewall-Regeln für zusätzliche Sicherheit

sudo ufw deny out on any to any port 25 # Ausgehende SMTP blockieren

sudo ufw deny out on any to any port 587 # Ausgehende Submission blockieren

# MailSlurper-Datenbank automatisch nach Feierabend löschen

echo "0 19 * * * rm -f ~/dev-tools/mailslurper/mailslurper.db" | crontab -

echo "✓ MailSlurper Sicherheitsmaßnahmen aktiviert"
```

Compliance-Logging:

```
@Aspect

@Component

public class EmailComplianceAspect {

private static final Logger complianceLog =

LoggerFactory.getLogger("COMPLIANCE");

@AfterReturning("execution(* com.fintech.mail.*.*(..))")

public void logEmailOperation(JoinPoint joinPoint) {

String methodName = joinPoint.getSignature().getName();

Object[] args = joinPoint.getArgs();
```

```
// Sensible Daten für Compliance-Log anonymisieren
String sanitizedArgs = Arrays.stream(args)
.map(this::sanitizeForCompliance)
.collect(Collectors.joining(", "));
complianceLog.info("E-Mail-Operation: {} mit Parametern: {} [DEV-MODE: MailSlurper]",
methodName, sanitizedArgs);
}
private String sanitizeForCompliance(Object arg) {
if (arg instanceof String) {
String str = (String) arg;
// E-Mail-Adressen maskieren
return
str.replaceAll("([a-zA-Z0-9._%+-]+)@([a-zA-Z0-9.-]+\\.[a-zA-Z]{2,})",
"$1@***");
}
return arg != null ? arg.getClass().getSimpleName() : "null";
}
}
```

9.3.11 Performance und Skalierung

MailSlurper Performance-Optimierung: Für größere Entwicklungsteams optimierte Lisa die MailSlurper-Konfiguration:

```
{
```

```
"maxWorkers": 5000,
"dbEngine": "MySQL",
"dbHost": "localhost",
"dbPort": 3306,
"dbDatabase": "mailslurper_dev",
"dbUserName": "mailslurper",
"dbPassword": "dev_password_2025",
"authTimeoutInMinutes": 480
}
```

MySQL Setup für bessere Performance:

```
CREATE DATABASE mailslurper_dev
CHARACTER SET utf8mb4
COLLATE utf8mb4_unicode_ci;
CREATE USER 'mailslurper'@'localhost'
IDENTIFIED BY 'dev_password_2025';
GRANT ALL PRIVILEGES ON mailslurper_dev.*
TO 'mailslurper'@'localhost';
—Performance-optimierte Indexe
CREATE INDEX idx_mailitem_date
ON mailitem(date_sent);
CREATE INDEX idx_mailitem_recipient
ON mailitem(to_address_list);
```

Automatische Cleanup-Strategie:

```
@Scheduled(fixedRate = 3600000) // Jede Stunde
@ConditionalOnProfile("dev")
public void cleanupOldTestEmails() {
try {
List<EmailMessage> emails = mailSlurper.getAllEmails();
// E-Mails älter als 24 Stunden löschen
LocalDateTime yesterday = LocalDateTime.now().minusDays(1);
int deletedCount = 0;
for (EmailMessage email : emails) {
if (email.getDateSent().isBefore(yesterday)) {
// In Produktions-MailSlurper gäbe es eine Delete-API
// Hier simulieren wir mit DB-Cleanup
deletedCount++;
}
}
if (deletedCount > 100) {
mailSlurper.clearAllEmails();
log.info("� MailSlurper bereinigt: {} alte E-Mails gelöscht", deletedCount);
}
} catch (Exception e) {
log.warn("⚠ MailSlurper Cleanup fehlgeschlagen", e);
```

}

}

9.3.12 Fazit des dritten Fallbeispiels

MailSlurper erwies sich als ideale Lösung für Lisa's Entwicklungsanforderungen im Fintech-Umfeld. Die Implementierung brachte folgende wesentliche Verbesserungen:

Produktivitätssteigerungen:

- **95% weniger Zeit** für E-Mail-Testing Setup
- **Null Risiko** versehentlicher E-Mail-Versendung an echte Kunden
- **Automatisierte Tests** reduzieren manuelle Validierung um 80%
- **Paralleles Arbeiten** mehrerer Entwickler ohne Konflikte

Sicherheits- und Compliance-Vorteile:

- **Vollständige Datenschutz-Compliance** durch lokale Verarbeitung
- **Keine externen Abhängigkeiten** für sensible Bankdaten-Tests
- **Audit-Trail** für Compliance-Nachweise
- **Sichere Entwicklungsumgebung** ohne Produktionsdaten-Risiken

Technische Exzellenz:

- **100% SMTP-Kompatibilität** für realistische Tests
- **REST-API Integration** für automatisierte Validierung
- **CI/CD Pipeline Integration** ohne zusätzliche Infrastruktur
- **Skalierbare Architektur** für wachsende Entwicklungsteams

Kritische Erfolgsfaktoren:

1. **Klare Entwicklungsprozesse** und Team-Guidelines
2. **Automatisierung** von Setup und Cleanup-Routinen
3. **Integration** in bestehende Development-Workflows
4. **Monitoring und Logging** für Debugging und Compliance

Empfehlungen für ähnliche Projekte: MailSlurper ist besonders geeignet für:

- **Fintech und Healthcare** (hohe Compliance-Anforderungen)
- **Agile Entwicklungsteams** (frequent E-Mail-Feature-Releases)
- **Microservice-Architekturen** (isolierte E-Mail-Service-Tests)
- **DevOps-Teams** (CI/CD-Integration erforderlich)

Die Lösung demonstriert, wie spezialisierte Tools den Entwicklungsprozess erheblich verbessern können, ohne die Sicherheit oder Compliance zu gefährden. Für Lisa und ihr Team wurde MailSlurper zu einem unverzichtbaren Werkzeug, das sowohl die Entwicklungsgeschwindigkeit als auch die Qualität der E-Mail-Funktionalitäten signifikant steigerte.

9.4 Vergleichende Analyse der Fallbeispiele

Die drei präsentierten Fallbeispiele zeigen unterschiedliche Ansätze für selbstgehostete E-Mail-Lösungen, die jeweils spezifische Anwendungsszenarien optimal bedienen. Eine vergleichende Betrachtung verdeutlicht die Entscheidungskriterien für verschiedene Nutzergruppen.

9.4.1 Technische Komplexität und Wartungsaufwand

Kriterium	Raspberry Pi (Familie)	Mailcow (Unternehmen)	MailSlurper (Entwickler)
Einrichtungszeit	1-2 Wochenenden	2-3 Wochen mit Beratung	30 Minuten
Wartung/ Monat	2-4 Stunden	8-16 Stunden oder extern	< 1 Stunde
Admin-Kenntnisse	Grundlagen erforderlich	Fortgeschritten/ Profi	Keine erforderlich
Ausfallrisiko	Mittel (Heimnetzwerk)	Niedrig (Redundanz)	Sehr niedrig (lokal)

9.4.2 Wirtschaftliche Betrachtung (3 Jahre)

Kostenfaktor	Familie Müller	Grüne Energie GmbH	Lisa (Entwickler)
Initialkosten	240€	6.050€	0€
Jährliche Kosten	122€	6.768€	0€
Gesamt (3 Jahre)	606€	26.354€	0€
Kosten/Nutzer/Monat	12,60€	47€	0€
Break-Even vs. Kommerziell	Jahr 2	Jahr 2-3	Sofort

9.4.3 Rechtliche und Compliance-Aspekte

Alle drei Lösungen erfüllen die DSGVO-Anforderungen durch Datenverarbeitung in Deutschland, unterscheiden sich jedoch in der Umsetzungstiefe:

Familie (Privat-DSGVO): Grundlegende Datenschutzprinzipien durch Self-Hosting erfüllt, keine geschäftlichen Archivierungspflichten.

Unternehmen (Vollständige Compliance): Comprehensive DSGVO- und GoBD-Umsetzung mit professioneller Archivierung, Audit-Trails und Datenschutz-Folgenabschätzung.

Entwickler (Entwicklungs-Compliance): Strikte lokale Verarbeitung verhindert Datenschutzverletzungen in der Entwicklungsphase, unterstützt "Privacy by Design"-Prinzipien.

9.4.4 Skalierbarkeit und Zukunftsfähigkeit

Wachstumspotential:

- **Raspberry Pi:** 4-10 Benutzer (Hardware-begrenzt)
- **Mailcow:** 25-100+ Benutzer (nahezu unbegrenzt skalierbar)
- **MailSlurper:** Team-unabhängig (nur für Development)

Technologische Weiterentwicklung: Mailcow zeigt mit kontinuierlichen Updates (2025-07 Release) und neuen Features wie Identity

Provider-Unterstützung[18] die stärkste Zukunftsfähigkeit für produktive Umgebungen.

9.4.5 Lessons Learned und Best Practices

Gemeinsame Erfolgsfaktoren:

1. **Klare Anforderungsdefinition** vor Lösungsauswahl
2. **Schrittweise Implementierung** mit Pilot-Phase
3. **Umfassende Dokumentation** für Wartung und Troubleshooting
4. **Backup-Strategien** von Anfang an mitdenken
5. **Team-Schulung und Change Management** nicht vernachlässigen

Typische Fallstricke:

- **Unterschätzung der initialen Komplexität** (besonders bei Mailcow)
- **Fehlende Deliverability-Planung** (SPF/DKIM/DMARC-Konfiguration)
- **Unzureichende Monitoring-Konzepte** für Produktivumgebungen
- **Sicherheitslücken durch veraltete Software** ohne Update-Prozesse

9.4.6 Entscheidungsmatrix für Lösungsauswahl

Die Wahl der geeigneten Lösung hängt von mehreren Faktoren ab:

Raspberry Pi/Docker Mailserver, wenn:

- ◈ Privatnutzer oder sehr kleine Teams (< 5 Personen)
- ◈ Grundlegende IT-Kenntnisse vorhanden
- ◈ Budget-Priorität und langfristige Kosteneffizienz
- ◈ Maximale Datenschutz-Kontrolle gewünscht
- ◈ Nicht für geschäftskritische Kommunikation

Mailcow Enterprise, wenn:

- ◈ Unternehmen mit > 10 Mitarbeitern
- ◈ Professionelle IT-Unterstützung verfügbar

- ⟐ DSGVO/GoBD-Compliance erforderlich
- ⟐ CRM/ERP-Integration wichtig
- ⟐ 24/7-Verfügbarkeit geschäftskritisch

MailSlurper Development, wenn:

- ⟐ Software-Entwicklungsteams
- ⟐ Sichere Test-/Staging-Umgebungen erforderlich
- ⟐ CI/CD-Integration geplant
- ⟐ Compliance-konforme Entwicklungsprozesse
- ⟐ Nicht für Produktion geeignet

9.5 Fazit und Ausblick

Die vorgestellten Fallbeispiele demonstrieren die Vielfalt und Praktikabilität selbstgehosteter E-Mail-Lösungen in Deutschland. Jede Lösung adressiert spezifische Bedürfnisse und zeigt, dass Self-Hosting eine realistische Alternative zu kommerziellen Anbietern darstellt – vorausgesetzt, die Wahl erfolgt anforderungsgerecht.

Zentrale Erkenntnisse:

1. **Self-Hosting ist nicht nur für IT-Experten:** Mit den richtigen Tools und schrittweiser Herangehensweise können auch weniger technische Nutzer erfolgreiche E-Mail-Server betreiben.
2. **DSGVO als Wettbewerbsvorteil:** Deutsche Unternehmen können Datenschutz-Compliance durch Self-Hosting als Differenzierungsmerkmal nutzen.
3. **ROI-positive Investition:** Trotz höherer initialer Aufwände amortisieren sich die Investitionen mittelfristig durch geringere laufende Kosten und erhöhte Kontrolle.
4. **Community und Ökosystem:** Open-Source-E-Mail-Lösungen profitieren von aktiven Communities und kontinuierlicher Weiterentwicklung.

Zukunftstrends:

- **KI-Integration:** Automatisierte Spam-Erkennung und E-Mail-Kategorisierung werden Standard
- **Cloud-Native Architekturen:** Container-basierte Lösungen erleichtern Deployment und Skalierung
- **Enhanced Security:** Zero-Trust-Prinzipien und Ende-zu-Ende-Verschlüsselung als Standard
- **Regulatory Compliance:** Automatisierte DSGVO/GoBD-Compliance durch intelligente Archivierung

Diese Fallbeispiele sollen als Inspiration und praktische Anleitung dienen, um informierte Entscheidungen über selbstgehostete E-Mail-Infrastrukturen zu treffen und erfolgreiche Implementierungen zu realisieren.

Fußnoten

[1] ForwardEmail, "15 Top Open Source Email Servers for Raspberry Pi in 2025," https://forwardemail.net/en/blog/open-source/raspberry-pi-email-server.

[2] RaspberryTips, "How to Host Your Own Email Server on Raspberry Pi," 24. Juli 2025, https://raspberrytips.com/mail-server-raspberry-pi/.

[3] Docker Mailserver, "Home - Docker Mailserver," https://docker-mailserver.github.io/docker-mailserver/latest/.

[4] deployn.de, "Raspberry Pi Heimserver: Das 2025 Update mit Docker," https://deployn.de/en/blog/setup-raspberry-2025/.

[5] Docker Mailserver, "Home - Docker Mailserver," https://docker-mailserver.github.io/docker-mailserver/latest/.

[6] MKV GmbH, "E-Mail-Server/-Archivierung – DSGVO-konform," https://mkv.de/email-dsgvo/.

[7] wazzl.de, "Top 10 Cloud-CRM-Systeme für deutsche KMU & Start-ups (DSGVO)," 4. Juli 2024, https://wazzl.de/blog/top-10-cloud-crm-systeme-anbietervergleich-2025-fuer-deutsche-kmu-start-ups-dsgvo-konform.

[8] eRecht24, "E-Mail-Aufbewahrungspflichten laut DSGVO," 17. Juli 2024, https://www.e-recht24.de/datenschutz/7197-e-mail-aufbewahrungspflicht-dsgvo.html.

[9] ADMIN INTELLIGENCE, "Mailcow Hosting & Support," https://www.admin-intelligence.de/mailcow/.

[10] 1CRM System, "CRM-Software - Open Source. Umfassend. Flexibel," 16. Mai 2025, https://1crm-system.de/.

[11] ADMIN INTELLIGENCE, "Mailcow Hosting & Support," https://www.admin-intelligence.de/mailcow/.

[12] Zoho CRM, "E-Mail-Management und -Kommunikation," https://www.zoho.com/de/crm/email.html.

[13] MailStore Server, "E-Mail-Archivierung für Unternehmen," 15. Januar 2025, https://www.mailstore.com/en/products/mailstore-server/.

[14] Lexware, "E-Mail-Archivierung: Die rechtlichen Grundlagen," 30. Juni 2025, https://www.lexware.de/wissen/buchhaltung-finanzen/e-mail-archivierung/.

[15] Containerize, "Mailslurper | Open-Source- und Free SMTP-Server zum Testen," https://products.containerize.com/de/transactional-email/mailslurper/.

[16] Containerize, "MailSlurper | Open-Source and Free SMTP Server for Testing," https://products.containerize.com/transactional-email/mailslurper/.

[17] MailSlurper, "About | MailSlurper," https://www.mailslurper.com/.

[18] mailcow, "🐮 Tschüss 2024: Ein Dank an Die Mailcow Community ❤," 20. Dezember 2024, https://mailcow.email/de/posts/2024/recap-2024/.

Anhang

Glossar

Dieses Glossar enthält Erklärungen zu zentralen Begriffen im Kontext selbstgehosteter E-Mail-Server. Die Definitionen basieren auf etablierten Quellen und sind alphabetisch sortiert, um eine schnelle Orientierung zu ermöglichen. Es umfasst technische Protokolle, Sicherheitsstandards und rechtliche Aspekte, die für die Einrichtung und den Betrieb in Deutschland relevant sind.

DKIM (DomainKeys Identified Mail): Ein E-Mail-Authentifizierungsverfahren, das digitale Signaturen verwendet, um die Integrität und Authentizität von E-Mails zu gewährleisten[1]. DKIM arbeitet mit kryptografischen Schlüsseln, die im DNS-System der sendenden Domain hinterlegt werden. Der private Schlüssel signiert ausgehende E-Mails, während der öffentliche Schlüssel es Empfängern ermöglicht, die Echtheit zu überprüfen[2]. Dies hilft effektiv, Phishing und Spoofing zu verhindern, indem es überprüfbar macht, ob die Nachricht während der Übertragung verändert wurde[3].

DMARC (Domain-based Message Authentication, Reporting and Conformance): Ein umfassendes Protokoll, das SPF und DKIM kombiniert, um E-Mail-Authentifizierung zu stärken[4]. DMARC gibt Empfängern klare Anweisungen, wie mit fehlschlagenden Authentifizierungen umzugehen ist (z. B. ablehnen, in Quarantäne stellen oder durchleiten), und ermöglicht detaillierte Berichterstattung über Authentifizierungsversuche und potentiellen Missbrauch[5]. Für selbstgehostete E-Mail-Server ist DMARC besonders wichtig, da es die Deliverability verbessert und vor Domain-Spoofing schützt[6].

DSGVO (Datenschutz-Grundverordnung): Die EU-weite Verordnung zum Schutz personenbezogener Daten, die seit 2018 in Deutschland vollumfänglich gilt[7]. Für E-Mail-Server fordert sie sichere Datenspeicherung, Verschlüsselung der Datenübertragung, umfassende Nutzerrechte (z. B.

Auskunft, Berichtigung, Löschung) und regelmäßige Risikobewertungen[8]. E-Mail-Adressen sind personenbezogene Daten und unterliegen der DSGVO[9]. Self-Hosting kann DSGVO-Compliance unterstützen, da Server in Deutschland oder der EU betrieben werden können, wodurch höchste Datenschutzstandards gewährleistet werden[10].

GoBD (Grundsätze zur ordnungsmäßigen Führung und Aufbewahrung von Büchern, Aufzeichnungen und Unterlagen in elektronischer Form sowie zum Datenzugriff): Deutsche Verwaltungsvorschrift, die seit 2015 die manipulationssichere Archivierung geschäftlicher E-Mails regelt[11]. Seit dem 1. Januar 2017 trat die Pflicht zur E-Mail-Archivierung nach GoBD-Anforderungen in Kraft[12]. Die GoBD fordert Vollständigkeit, Unveränderlichkeit, Verfügbarkeit und Nachvollziehbarkeit aller geschäftsrelevanten E-Mails über 6-10 Jahre[13]. Für selbstgehostete Server bedeutet dies die Implementierung spezieller Archivierungslösungen mit automatisierten Backups und Auditfähigkeiten[14].

IMAP (Internet Message Access Protocol): Ein standardisiertes Protokoll zum Abrufen von E-Mails, das den Zugriff auf Nachrichten direkt auf dem Server ermöglicht, ohne sie vollständig herunterzuladen[15]. IMAP unterstützt komplexe Ordnerstrukturen, Markierungen und ermöglicht die Synchronisation über mehrere Geräte hinweg[16]. Für selbstgehostete Server ist IMAP mit SSL/TLS-Verschlüsselung (IMAPS) essentiell, um sichere Verbindungen zu gewährleisten[17].

LDAP (Lightweight Directory Access Protocol): Ein Protokoll zur Abfrage und Verwaltung von Verzeichnisdiensten, das in E-Mail-Servern für zentrale Benutzerauthentifizierung und -verwaltung verwendet wird[18]. LDAP ermöglicht die Integration mit bestehenden Active Directory-Infrastrukturen und vereinfacht die Benutzerverwaltung in größeren Organisationen[19]. Moderne E-Mail-Server-Lösungen wie Mailcow und Modoboa unterstützen LDAP-Integration für erweiterte Authentifizierungsmöglichkeiten[20].

MIME (Multipurpose Internet Mail Extensions): Ein Standard zur Erweiterung von E-Mails um Multimedia-Inhalte wie Anhänge, Bilder oder HTML-Formatierung[21]. MIME ermöglicht die Codierung nicht-ASCII-Zeichen und definiert Content-Types für verschiedene Dateiformate[22]. Für selbstgehostete Server ist die korrekte MIME-Implementierung wichtig für die Kompatibilität mit verschiedenen E-Mail-Clients[23].

MX-Record (Mail Exchange Record): Ein kritischer DNS-Eintrag, der angibt, welcher Server für den E-Mail-Empfang einer Domain zuständig ist[24]. MX-Records haben Prioritätswerte, die Fallback-Szenarien ermöglichen[25]. Für selbstgehostete E-Mail-Server ist die korrekte Konfiguration von MX-Records essentiell für die Erreichbarkeit und Deliverability[26].

POP3 (Post Office Protocol Version 3): Ein einfaches Protokoll zum Herunterladen von E-Mails vom Server auf ein lokales Gerät[27]. Im Gegensatz zu IMAP löscht POP3 typischerweise Nachrichten nach dem Abruf vom Server, was für moderne Arbeitsweisen mit mehreren Geräten problematisch sein kann[28]. Selbstgehostete Server sollten sowohl IMAP als auch POP3 mit verschlüsselten Verbindungen (POP3S) anbieten[29].

SMTP (Simple Mail Transfer Protocol): Das fundamental wichtige Standardprotokoll zum Versenden von E-Mails zwischen Servern[30]. SMTP Auth: Ein Server verschickt nur Mails von Clients, die sich zuvor mit einem Benutzername und Passwort authentifiziert haben[31]. Moderne SMTP-Implementierungen verwenden STARTTLS für verschlüsselte Verbindungen und erfordern Authentifizierung, um Missbrauch zu verhindern[32].

SPF (Sender Policy Framework): Ein DNS-basiertes Verfahren, das autorisierte IP-Adressen für den E-Mail-Versand einer Domain definiert[33]. SPF-Records helfen beim Schutz vor E-Mail-Spoofing, indem sie Empfängerservern mitteilen, welche Server berechtigt sind, E-Mails für eine Domain zu versenden[34]. Für selbstgehostete Server ist ein korrekt konfigurierter SPF-Record entscheidend für die Reputation und Deliverability[35].

SSL/TLS (Secure Sockets Layer/Transport Layer Security): Kryptografische Protokolle zur Verschlüsselung von Netzwerkverbindungen[36].

TLS bedeutet Transport Layer Security und wurde zuvor auch unter dem Namen SSL (Secure Socket Layer) bekannt[37]. In E-Mail-Servern werden SSL/TLS für sichere Übertragung von SMTP, IMAP und POP3 (SMTPS, IMAPS, POP3S) verwendet, um Daten vor Abhörung und Manipulation zu schützen[38].

VPS (Virtual Private Server): Ein virtueller Server mit dedizierten Ressourcen, der häufig für das Hosting von E-Mail-Servern genutzt wird[39]. VPS bieten eine dedizierte IP-Adresse, die für bessere E-Mail-Deliverability wichtig ist, sowie Skalierbarkeit und Kostenkontrolle[40]. Für deutsche DSGVO-Compliance sollten VPS-Anbieter mit Rechenzentren in Deutschland oder der EU gewählt werden[41].

Weiterführende Ressourcen

Hier finden Sie eine kuratierte Auswahl an aktuellen, verifizierbaren Ressourcen für weitere Vertiefung. Diese umfassen Tutorials, Communities, Software-Dokumentationen und rechtliche Leitfäden, die speziell für selbstgehostete E-Mail-Server in Deutschland relevant sind. Die Liste ist thematisch gegliedert und enthält Beschreibungen sowie direkte Verweise.

Tutorials und Anleitungen

IONOS Digital Guide - Mail-Server einrichten: IONOS zählt zu den führenden Hosting- und E-Mail-Anbietern in Europa und richtet sich mit seinen sicheren E-Mail-Lösungen mit integrierten Business-Tools insbesondere an professionelle Anwenderinnen und Anwender[42]. Eine umfassende, schrittweise Anleitung zur Einrichtung eines eigenen E-Mail-Servers mit besonderem Fokus auf DSGVO-Konformität und SSL-Zertifikaten, ideal für Einsteiger mit deutschen Rechtserfordernissen[43].

Contabo Blog - Eigener Mailserver: Detailliertes Tutorial inklusive DNS-Konfiguration, rechtlicher Aspekte und Setup-Beispiele[44]. Contabo bietet praktische Beispiele für VPS-basierte E-Mail-Server-Implementierungen mit Fokus auf deutsche Nutzer[45].

LinuxBabe - Ubuntu E-Mail-Server: Basis-Setup für Postfix auf Ubuntu, inklusive SMTP-Konfiguration und Sicherheitsaspekten[46]. Diese Ressource bietet tiefgehende technische Einblicke in die manuelle Konfiguration von Postfix und Dovecot[47].

Software und Plattformen

Postfix (www.postfix.org): docker mail docker-compose postfix acme imap clamav smtp dovecot groupware mailserver rspamd hacktoberfest mailcow sogo servercow olefy[48]. Die offizielle Postfix-Dokumentation bietet umfassende Informationen zu Installation, Konfiguration und Sicherheitsaspekten des weltweit am häufigsten verwendeten SMTP-Servers[49].

Dovecot (www.dovecot.org): Ausführliche Dokumentation zu IMAP/POP3-Funktionen, Sicherheitsfeatures und Best Practices[50]. Dovecot ist bekannt für seine Sicherheit und Performance bei der Bereitstellung von E-Mail-Zugriffsdiensten[51].

Mailcow (mailcow.email): mailcow is a mail server suite based on Dovecot, Postfix and other open source software, that provides a modern Web UI for administration[52]. Eine Docker-basierte, vollständige E-Mail-Server-Lösung mit regelmäßigen Updates zu Sicherheit und Authentifizierung, besonders geeignet für mittlere bis große Implementierungen[53].

Modoboa (modoboa.org): I've had good success with Modoboa. It's the only one I've found that has both a GUI and decent LDAP integration[54]. Eine Python-basierte Open-Source-E-Mail-Server-Lösung mit Webinterface und schnellem Setup, die sich durch gute LDAP-Integration auszeichnet[55].

Mail-in-a-Box (mailinabox.email): Eine vollständige, einfach zu installierende E-Mail-Lösung für Self-Hosting mit automatischer Konfiguration und integriertem Webmail[56].

Communities und Foren

Reddit r/selfhosted: Eine aktive internationale Community mit Diskussionen zu selbstgehosteten E-Mail-Servern, inklusive deutschsprachiger Beiträge und praktischen Tipps[57]. Regelmäßige Diskussionen über aktuelle E-Mail-Server-Software und Troubleshooting[58].

GitHub Open Source Projekte: GitHub is where people build software. More than 150 million people use GitHub to discover, fork, and contribute to over 420 million projects[59]. Zahlreiche Open-Source-E-Mail-Server-Projekte mit aktiver Entwicklergemeinschaft und Support[60].

Deutsche Linux-Communities: Verschiedene deutsche Forums bieten spezialisierte Bereiche für E-Mail-Server-Administration und rechtliche Aspekte in Deutschland[61].

Rechtliche und Datenschutz-Ressourcen

Datenschutz.org: Der Datenschutz umfasst E-Mail-Adressen und Inhalte der E-Mail-Kommunikation. Eine Weitergabe, Einsicht oder Verarbeitung dieser Informationen ist nur unter bestimmten Voraussetzungen zulässig[62]. Umfassende Informationen zum Datenschutz im E-Mail-Verkehr nach deutschen Standards[63].

MailStore Server DSGVO-Zertifizierung: MailStore Server has been certified by independent privacy experts for compliance with the General Data Protection Regulation (GDPR)[64]. Professionelle DSGVO-zertifizierte E-Mail-Archivierung für geschäftliche Anwendungen[65].

eRecht24: Die gesetzliche E-Mail-Aufbewahrungspflicht gilt für alle Unternehmen, unabhängig von der Größe und Anzahl der Mitarbeitenden[66]. Detaillierte Informationen zu Aufbewahrungspflichten für E-Mails unter DSGVO und GoBD[67].

Dr. Datenschutz: Die Transportverschlüsselung von Mails erfüllt also die Anforderungen des Art. 10 DSGVO[68]. Spezialisierte rechtliche Beratung zu Datenschutz und E-Mail-Verschlüsselung[69].

Archivierung und Compliance

Lexware Ratgeber: Bei der E-Mail-Archivierung handelt es sich um die langfristige, systematische und elektronische Aufbewahrung von E-Mails. In Deutschland müssen alle Unternehmen und Gewerbetreibende ihre Mails archivieren[70]. Umfassende Informationen zu rechtlichen Grundlagen der E-Mail-Archivierung[71].

SevDesk GoBD-Leitfaden: Jedes Unternehmen unterliegt der Pflicht geschäftliche E-Mails revisionssicher zu archivieren. Die einzige Ausnahme sind sogenannte Nicht-Kaufleute[72]. Praktischer Leitfaden zur GoBD-konformen E-Mail-Archivierung[73].

Quellenverzeichnis

Hier die vollständige Liste der zitierten Quellen, basierend auf aktuellen Web-Recherchen und verifizierten Dokumenten. Jede Quelle ist mit vollständigen bibliographischen Angaben versehen und folgt dem Chicago Manual of Style (18. Auflage).

Fußnoten

[1] Valimail. "SPF, DKIM, and DMARC made simple." Abgerufen am 4. September 2025. https://www.valimail.com/blog/dmarc-dkim-spf-explained/

[2] Cloudflare. "What are DMARC, DKIM, and SPF?" Abgerufen am 4. September 2025. https://www.cloudflare.com/learning/email-security/dmarc-dkim-spf/

[3] Mailtrap. "Email Authentication Explained: SPF, DKIM, DMARC, BIMI." 13. Februar 2024. https://mailtrap.io/blog/email-authentication/

[4] Higher Logic. "SPF, DKIM, DMARC: The 3 Pillars of Email Authentication." 1. Januar 2024. https://www.higherlogic.com/blog/spf-dkim-dmarc-email-authentication/

[5] Matoma. "DKIM, SPF, MX, DMARC - understanding the key terms." 29. Februar 2024. https://matoma.de/en/dkim-spf-mx-dmarc-understanding-the-key-terms-for-successful-email-delivery/

[6] Email on Acid. "SMTP - Glossary of Email Terms." Abgerufen am 4. September 2025. https://www.emailonacid.com/glossary/smtp/

[7] GDPR.eu. "General Data Protection Regulation (GDPR) Compliance Guidelines." Abgerufen am 4. September 2025. https://gdpr.eu/

[8] Datenschutzexperte. "E-Mail-Anbieter Datenschutz." 7. Dezember 2022. https://www.datenschutzexperte.de/blog/wie-steht-es-mit-dem-datenschutz-bei-e-mail-anbietern

[9] Datenschutz.org. "Datenschutz bei E-Mail-Verkehr." 16. Juli 2025. https://www.datenschutz.org/e-mail/

[10] IONOS. "Die 7 besten sicheren E-Mail-Anbieter 2025 im Überblick." 10. Juni 2025. https://www.ionos.de/digitalguide/e-mail/e-mail-sicherheit/sichere-e-mail-anbieter/

[11] Dr. Datenschutz. "Vorgaben für die E-Mail-Archivierung." Abgerufen am 4. September 2025. https://www.dr-datenschutz.de/vorgaben-fuer-die-e-mail-archivierung/

[12] Lexware. "E-Mail-Archivierung: Die rechtlichen Grundlagen." 30. Juni 2025. https://www.lexware.de/wissen/buchhaltung-finanzen/e-mail-archivierung/

[13] eRecht24. "E-Mail-Aufbewahrungspflichten laut DSGVO." 17. Juli 2024. https://www.e-recht24.de/datenschutz/7197-e-mail-aufbewahrungspflicht-dsgvo.html

[14] SevDesk. "Rechtssichere E-Mail Archivierung: GoBD Software & Mehr." 23. Juli 2025. https://sevdesk.de/blog/rechtssichere-e-mail-archivierung/

[15] Dovecot. "Dovecot | The Secure IMAP server." Abgerufen am 4. September 2025. https://www.dovecot.org/

[16] LinuxBabe. "Build Your Own Email Server on Ubuntu: Basic Postfix Setup." 28. Oktober 2022. https://www.linuxbabe.com/mail-server/setup-basic-postfix-mail-sever-ubuntu

[17] Dr. DSGVO. "Email-Verschlüsselung: Transportverschlüsselung, Inhaltsverschlüsselung und die DSGVO." 5. Dezember 2024. https://dr-dsgvo.de/email-verschluesselung/

[18] LibHunt. "modoboa vs Mailcow - compare differences and reviews?" Abgerufen am 4. September 2025. https://www.libhunt.com/compare-modoboa-vs-mailcow-dockerized

[19] AlternativeTo. "mailcow: dockerized: Mailcow is a mail server suite." 7. Juni 2020. https://alternativeto.net/software/mailcow/about/

[20] GitHub Topics. "dovecot · GitHub Topics." Abgerufen am 4. September 2025. https://github.com/topics/dovecot

[21] IONOS. "Mail-Server einrichten | Voraussetzungen und Anleitung." 17. Juni 2025. https://www.ionos.de/digitalguide/e-mail/e-mail-technik/e-mail-server-einrichten/

[22] Contabo. "Eigenen Mailserver einrichten: Anleitung & Setup-Beispiele." 23. Februar 2024. https://contabo.com/blog/de/eigener-mailserver/

[23] Synology Blog. "Eigenen Mailserver einrichten in 3 Schritten." 30. März 2022. https://blog.synology.com/ger/eigenen-mailserver-einrichten-in-3-schritten/

[24] Mailserver Guru. "How to Self-Host an Email Server: Expert Guide [2025]." 19. Mai 2025. https://mailserverguru.com/self-host-email-server/

[25] Reddit. "Self Hosted Email Server." 9. Januar 2023. https://www.reddit.com/r/selfhosted/comments/107iodp/self_hosted_email_server/

[26] Hostinger. "How to Host Your Own Email Server in 2025." 2025. https://www.hostinger.com/tutorials/how-to-host-your-own-email-server

[27] Bluehost. "Host Your Own Email Server: Step-by-Step Guide." 20. Februar 2025. https://www.bluehost.com/blog/host-your-own-email-server/

[28] Proton. "So richtest du einen privaten E-Mail-Server ein." 18. Januar 2024. https://proton.me/blog/de/private-email-server

[29] ForwardEmail. "15 Top Open Source E-Mail-Server für Server 2022 im 2025." Abgerufen am 4. September 2025. https://forwardemail.net/de/blog/open-source/server-2022-email-server

[30] Postfix. "The Postfix Home Page." Abgerufen am 4. September 2025. https://www.postfix.org/

[31] Dr. DSGVO. "Email-Verschlüsselung: Transportverschlüsselung, Inhaltsverschlüsselung und die DSGVO." 5. Dezember 2024. https://dr-dsgvo.de/email-verschluesselung/

[32] Mittwald. "Wie verwende ich einen verschlüsselten Mail-Server?" Abgerufen am 4. September 2025. https://www.mittwald.de/faq/e-mail/webmailer/verschluesselten-mail-server-verwenden

[33] Reddit. "I am confused with email protocols such as SMTP, SPF, DKIM." 9. Juli 2024. https://www.reddit.com/r/sysadmin/comments/1dz41xm/i_am_confused_with_email_protocols_such_as_smtp/

[34] DigitalOcean. "How To Set Up a Postfix E-Mail Server with Dovecot." 14. November 2013. https://www.digitalocean.com/community/tutorials/how-to-set-up-a-postfix-e-mail-server-with-dovecot

[35] Civo. "Setting up a Postfix Mail Server with Dovecot." 30. April 2018. https://www.civo.com/learn/setting-up-a-postfix-mail-server-with-dovecot

[36] Linode. "How to Set up an Email Server using Postfix and Dovecot." 12. Juni 2023. https://www.linode.com/docs/guides/how-to-setup-an-email-server/

[37] Dr. DSGVO. "Email-Verschlüsselung: Transportverschlüsselung, Inhaltsverschlüsselung und die DSGVO." 5. Dezember 2024. https://dr-dsgvo.de/email-verschluesselung/

[38] GoAnywhere. "Deutsche Datenschutzbehörden veröffentlichen neuen Leitfaden für E-Mailverschlüsselung." 6. August 2020. https://www.goanywhere.com/de/blog/deutsche-datenschutzbehoerden-veroeffentlichen-neuen-leitfaden-fuer-e-mailverschluesselung

[39] GitHub. "mikeroyal/Self-Hosting-Guide." Abgerufen am 4. September 2025. https://github.com/mikeroyal/Self-Hosting-Guide

[40] Lawrence Systems Forum. "Self hosted email." 22. Februar 2023. https://forums.lawrencesystems.com/t/self-hosted-email/16851

[41] Dr. Datenschutz. "Wo sollte mein Cloud-Server stehen – und was sagt die DSGVO?" Abgerufen am 4. September 2025. https://www.dr-datenschutz.de/wo-sollte-mein-cloud-server-stehen-und-was-sagt-die-dsgvo/

[42] IONOS. "Die 7 besten sicheren E-Mail-Anbieter 2025 im Überblick." 10. Juni 2025. https://www.ionos.de/digitalguide/e-mail/e-mail-sicherheit/sichere-e-mail-anbieter/

[43] IONOS. "Mail-Server einrichten | Voraussetzungen und Anleitung." 17. Juni 2025. https://www.ionos.de/digitalguide/e-mail/e-mail-technik/e-mail-server-einrichten/

[44] Contabo. "Eigenen Mailserver einrichten: Anleitung & Setup-Beispiele." 23. Februar 2024. https://contabo.com/blog/de/eigener-mailserver/

[45] Contabo Blog. "Self-Hosted Email Server: Tutorial & Setup Examples." 23. Februar 2024. https://contabo.com/blog/self-hosted-email-server/

[46] LinuxBabe. "Build Your Own Email Server on Ubuntu: Basic Postfix Setup." 28. Oktober 2022. https://www.linuxbabe.com/mail-server/setup-basic-postfix-mail-sever-ubuntu

[47] Linuxize. "Install and configure Postfix and Dovecot." 21. Januar 2019. https://linuxize.com/post/install-and-configure-postfix-and-dovecot/

[48] GitHub Topics. "dovecot · GitHub Topics." Abgerufen am 4. September 2025. https://github.com/topics/dovecot

[49] Postfix. "The Postfix Home Page." Abgerufen am 4. September 2025. https://www.postfix.org/

[50] Dovecot. "Dovecot | The Secure IMAP server." Abgerufen am 4. September 2025. https://www.dovecot.org/

[51] Dovecot Doc. "Postfix and Dovecot LMTP." Abgerufen am 4. September 2025. https://doc.dovecot.org/configuration_manual/howto/postfix_dovecot_lmtp/

[52] AlternativeTo. "mailcow: dockerized: Mailcow is a mail server suite." 7. Juni 2020. https://alternativeto.net/software/mailcow/about/

[53] Mailcow. "mailcow: dockerized - Blog." Abgerufen am 4. September 2025. https://mailcow.email/

[54] LibHunt. "modoboa vs Mailcow - compare differences and reviews?" Abgerufen am 4. September 2025. https://www.libhunt.com/compare-modoboa-vs-mailcow-dockerized

[55] Modoboa. "Open Source email server." Abgerufen am 4. September 2025. https://modoboa.org/en/

[56] Mail-in-a-Box. "Mail-in-a-Box." Abgerufen am 4. September 2025. https://mailinabox.email/

[57] Reddit. "Self Hosted Email Server." 9. Januar 2023. https://www.reddit.com/r/selfhosted/comments/107iodp/self_hosted_email_server/

[58] GitHub. "Awesome-Selfhosted." Abgerufen am 4. September 2025. https://github.com/awesome-selfhosted/awesome-selfhosted

[59] GitHub Topics. "dovecot · GitHub Topics." Abgerufen am 4. September 2025. https://github.com/topics/dovecot

[60] Fedora Discussion. "Is There an Easy Email Server, 2024." 3. November 2024. https://discussion.fedoraproject.org/t/is-there-an-easy-email-server-2024/135261

[61] Reddit. "Einfacher E-Mail-Server nur für lokale E-Mails?" 4. Oktober 2022. https://www.reddit.com/r/selfhosted/comments/xv6kp3/simple_email_server_for_localonly_mailing/?tl=de

[62] Datenschutz.org. "Datenschutz bei E-Mail-Verkehr." 16. Juli 2025. https://www.datenschutz.org/e-mail/

[63] Bußgeldkatalog. "Datenschutz beim E-Mail-Verkehr - Datenschutz 2025." August 2025. https://www.bussgeldkatalog.org/datenschutz-e-mail/

[64] MailStore. "MailStore Server: DSGVO zertifiziert." 29. März 2023. https://www.mailstore.com/en/blog/2019/02/13/mailstore-server-gdpr-certified/

[65] MailStore. "E-Mail-Archivierung und die DSGVO." 15. Juli 2020. https://www.mailstore.com/en/email-archiving-and-gdpr/

[66] eRecht24. "E-Mail-Aufbewahrungspflichten laut DSGVO." 17. Juli 2024. https://www.e-recht24.de/datenschutz/7197-e-mail-aufbewahrungspflicht-dsgvo.html

[67] 360grad IT Service. "Managed E-Mail Archivierung | Sicher mit MailStore Server." 14. März 2024. https://360grad-it-service.de/managed-e-mail-archivierung-mit-mailstore-server/

[68] Dr. DSGVO. "Email-Verschlüsselung: Transportverschlüsselung, Inhaltsverschlüsselung und die DSGVO." 5. Dezember 2024. https://dr-dsgvo.de/email-verschluesselung/

[69] Dr. Datenschutz. "Wo sollte mein Cloud-Server stehen – und was sagt die DSGVO?" Abgerufen am 4. September 2025. https://www.dr-datenschutz.de/wo-sollte-mein-cloud-server-stehen-und-was-sagt-die-dsgvo/

[70] Lexware. "E-Mail-Archivierung: Die rechtlichen Grundlagen." 30. Juni 2025. https://www.lexware.de/wissen/buchhaltung-finanzen/e-mail-archivierung/

[71] Lexware. "Archivierung ▶ revisionssicher und GoBD-konform." 4. Oktober 2016. https://www.lexware.de/wissen/buchhaltung-finanzen/archivierung/

[72] SevDesk. "Rechtssichere E-Mail Archivierung: GoBD Software & Mehr." 23. Juli 2025. https://sevdesk.de/blog/rechtssichere-e-mail-archivierung/

[73] Hamburger Software. "E-Mail-Archivierung – 6 verbreitete Irrtümer." 23. September 2024. https://www.hamburger-software.de/blog/6-irrtuemer-zur-e-mail-archivierung/

Don't miss out!

Visit the website below and you can sign up to receive emails whenever Dr Naim Tahir Baig publishes a new book. There's no charge and no obligation.

https://books2read.com/r/B-A-DLSVC-NSDWG

BOOKS 2 READ

Connecting independent readers to independent writers.

Did you love *Selbstgehostete E-Mail-Server: Praxisanleitung für Datenschutz und Unabhängigkeit in Deutschland*? Then you should read *Love Seized*[1] by Dr Naim Tahir Baig!

[2]

LOVE SEIZED

Book Description

A haunting exploration of love, loss, and the journey back to self-worth

Daniel Carter thinks he knows what love looks like. It's grand gestures and expensive gifts. It's changing yourself to become worthy of someone who seems just out of reach. It's giving everything you have and calling it romance.

When he meets Sophia Reyes at an upscale gallery opening, their connection feels like destiny. She's sophisticated, passionate about art, and sees the world through eyes that make everything appear more beautiful. Their whirlwind romance unfolds like a fairy tale—European vacations, intimate dinners, dreams shared over morning coffee. Daniel has never been happier, never felt more alive.

---

1. https://books2read.com/u/bPMnOA
2. https://books2read.com/u/bPMnOA

But fairy tales have a way of revealing their true nature.

As Daniel's business grows and his devotion deepens, Sophia begins to drift away like smoke through his fingers. Her responses become shorter, her smiles more obligatory, her presence more distant. Desperate to reclaim what they once had, Daniel pours more of himself into the relationship—more money, more attention, more of his very soul. He transforms himself into the man he thinks she wants, believing that if he just gives enough, loves enough, sacrifices enough, she'll return to him.

Instead, he watches helplessly as love becomes obsession, devotion becomes desperation, and the man he once was disappears entirely.

Love Seized is a raw, unflinching examination of what happens when we mistake our worth for what we can provide others. Through Daniel's journey from blissful romance to devastating heartbreak to hard-won self-discovery, Dr. Naim Tahir Baig crafts a story that will resonate with anyone who has ever loved someone who couldn't love them back.

This is not a story about getting the girl. This is a story about getting yourself back.

With prose that cuts deep and characters that feel startlingly real, *Love Seized* explores the fine line between love and obsession, the difference between healthy devotion and codependency, and the radical act of learning to value yourself when someone you love doesn't value you at all.

Perfect for readers who believes that sometimes the most important love story is the one you write with yourself.

Read more at https://www.naimtahirbaig.com.

Also by Dr Naim Tahir Baig

1

Earning Online: Unlocking Today's Virtual Economy
Loveful Hate / Hateful Love?
A Textbook Of Foreign Policy Analysis

Standalone

Misconceptions About Writing a Lesson Planner for Teaching: A Comprehensive Guide
Bashar al-Assad's Last Stand: A Study of the Syrian Conflict's Final 11 Days in December 2024
Three Winters in Exile: The Trump Chronicles 2021-2024
Biden vs. Trump The 45th and 46th: A Tale of Two Americas
Imran Khan's Political Journey: From Cricket to Revolution
Instagram Automation: The Art of Silent Selling to Earn Millions
Political Prophecies of Imran Khan
Jo Samjhna Samjho: Love's Last Words
Shadow Hearts
Complexity of Souls
Worldly Success According To Islam
The Concept of Eid Among All Religions
The Widening Political Gap Between Muslim Rulers And Their Masses In The 21st Century
Pakistan's Maritime Frontier: Breaking Free from the IMF Through Blue Economy Development

Can Russia Help Pakistan Grow?
Why Nuclear-Armed Pakistan Has Not Fought a War Against Israel in the 2020s?
The War Of Narrative
Ethics Of Deceptive Tears
Crossroads of Continents
The Last Battlefield
From Beloved to Honour
International Relations from a Pakistani Perspective
Humanity is Losing its Credibility !
Operation Bunyan um Marsoos
Ibrahim Traoré
Starving Africa Feeds the Well Fed West
From Captain to Khan: The Rise and Fall of Imran Khan
The Spider's Web: How Ukraine Rewrote the Rules of War
The UNO's Three Failures: Gaza, Kashmir, and Ukraine
Operation Rising Lion 2025: Israel's Strike on Iran's Nuclear Program
Behind The Veil Of Deception: Catherine Perez-Shakdam
2nd Edition: Operation Rising Lion: Israel's Strike Against Iran's Nuclear Program
Operation True Promise 3
Shadow War 2025: Israel's Secret Army Inside Iran
Mental Health and Digital Wellness: Navigating the Hyper-Connected World
After The Break-up
Echoes of Love After Life
Geopolitical Realignments And U.S. Decline
America Party
Artificial Intelligence Reshapes Nations' Strategic Cultures
Knowledge at the Cost of Drinking Water
Abandoning UNESCO, Abandoning America's Global Leadership
Why Pakistan Can't Be Ignored ?
Love Seized
Tarifaço: Trump's Tariff Assault on Brazil and the Battle for Hemispheric Power
GAZA: The word 'ETHICS' is at stake

Kiss Cam Crisis
The Boomer Blockade: How an Aging Generation is Reshaping Global Power and Economics at Younger Generations' Expense
Fractured Faith: The Ken Paxton Divorce Scandal and the Crisis of Conservative Authenticity
The New American Empire In 2025
The Last Rock's Secret War: Okinotorishima and Japan's Fight for Tomorrow's Ocean
The Great Realignment
Trump's Siege on the Fed: Politics, Power, and the Fracturing of Global Finance
Nuclear Weapons in Space
Trump vs. Putin: The Secrets Of Alaska Summit 2025
Nuclear Orbits: From Soviet Satellites to Russian Space Power
Learn AI Fast: A Practical Guide for Busy Professionals
Rare Earth Metals in Pakistan: Geopolitics in the New Great Game
The Kulbhushan Affair: Espionage, Diplomacy, and Justice in the Shadow of South Asian Rivalry
Collision Over the Capital: The Untold Story of the 2025 Potomac River Mid-Air Disaster and the Fight for Safer Skies
The Holy Qur'an, Political Fire: The Extremism of Valentina Gomez
World War I of Climate Change: Geopolitical Parallels and Emerging Battles
International Relations: Theoretical Frameworks in the Pakistani Context
Equal and Orderly Multipolarization of the World: The Shanghai Cooperation Organization as a Catalyst
Selbstgehostete E-Mail-Server: Praxisanleitung für Datenschutz und Unabhängigkeit in Deutschland
From Gaza's Siege to Pakistan's Floods 2025: An Islamic Perspective on Collective Accountability and Calamities
Hero's Wings Over the 1965 War: Air Commodore Haider's Story

Watch for more at https://www.naimtahirbaig.com.

About the Author

Dr. Naim Tahir Baig can be described as a Political Analyst, Geopolitical Strategist, Military and Security Studies Expert, Intelligence and Espionage Scholar, Social Commentator, Philosopher of Contemporary Issues, Digital Economy Specialist, Islamic Scholar and Interfaith Commentator, Poet and Literary Author, Regional Studies Expert, Multidisciplinary Intellectual, and Pakistan-Centric Analyst, reflecting his diverse expertise across politics, geopolitics, military strategy, intelligence, social commentary, business, religion, literature, and regional studies.

Published Books of Dr. Naim Tahir Baig

Learn AI Fast: A Practical Guide for Busy ProfessionalsNuclear Orbits: From Soviet Satellites to Russian Space PowerTrump vs. Putin: The Secrets Of Alaska Summit 2025Nuclear Weapons in SpaceTrump's Siege on the Fed: Politics, Power, and the Fracturing of Global FinanceThe Great RealignmentThe Last Rock's Secret War: OkinotorishimaThe New American Empire In 2025Fractured Faith: The Ken Paxton Divorce Scandal and the Crisis of Conservative AuthenticityThe Boomer Blockade: How an Aging Generation is Reshaping Global Power and Economics at Younger Generations' ExpenseKiss Cam CrisisGAZA: The word 'ETHICS' is at stakeTarifaço: Trump's Tariff Assault on Brazil and the Battle for Hemispheric PowerLove SeizedWhy Pakistan Can't Be Ignored ?Abandoning UNESCO, Abandoning America's Global LeadershipKnowledge at the Cost of Drinking WaterArtificial Intelligence Reshapes Nations' Strategic CulturesAmerica PartyGeopolitical Realignments And U.S. DeclineEchoes of Love After LifeAfter The Break-upMental Health and Digital Wellness: Navigating the Hyper-Connected WorldShadow War 2025: Israel's Secret Army Inside IranOperation True Promise 32nd Edition: Operation Rising Lion: Israel's Strike Against Iran's Nuclear ProgramBehind The Veil Of Deception: Catherine Perez-ShakdamOperation Rising Lion 2025: Israel's Strike on Iran's Nuclear Program

Read more at https://www.naimtahirbaig.com.

www.ingramcontent.com/pod-product-compliance
Lightning Source LLC
LaVergne TN
LVHW100259210926
848480LV00003B/970